JN015751

10日でしっかり総復習！
小学６年間の漢字・言葉

答え と 解説

DAY 1

ポイントのチェック

1
(1) ぜんたい
(2) まった
(3) はくちょう（しらとり）
(4) しろ
(5) みょうごにち
(6) あ
(7) いっこく
(8) きざ

2
(1) へた
(2) かわら
(3) ねえ
(4) くだもの
(5) けしき
(6) ともだち
(7) へや

3
(1) しが
(2) ぎふ
(3) えひめ
(4) とやま
(5) かごしま
(6) おおいた
(7) とくしま

4
(1) 上手
(2) 二十日
(3) 博士
(4) 清水
(5) 迷子
(6) 眼鏡
(7) 今朝
(8) 八百屋
(9) 真面目
(10) 時計
(11) 茨城
(12) 宮城
(13) 大阪
(14) 神奈川

解説

1 (5)・(6)「明」は、読みの多い漢字です。音読みには、メイもあり「発明（はつめい）」のように使います。訓読みには、「明（あき）らか」「明（あか）らむ」もあります。
2 (2) 同じ読みには「川原」もあります。
4 (2) 他にも「一日（ついたち）」「二日（ふつか）」など特別な読みがあります。

トライ

❶
(1) とちぎ
(2) さいたま
(3) にいがた
(4) ふくい
(5) やまなし
(6) しずおか
(7) とっとり
(8) かがわ
(9) さが
(10) みやざき
(11) くまもと
(12) おきなわ
(13) こうごう
(14) せいくら

❷
(1) 穀物
(2) 訪問
(3) 密接
(4) 潮風
(5) 熟語
(6) 班長
(7) 紅茶
(8) 特許
(9) 予告
(10) 測定
(11) 天然
(12) 約束
(13) 昨夜
(14) 乗客

❸
(1) いちょう
(2) つくえ
(3) こおり
(4) いいん
(5) きゅうしゅう
(6) たにん
(7) はなうた
(8) しょうわ
(9) ようもう
(10) こがたな（しょうとう）
(11) たいふう
(12) さゆう
(13) だんじょ
(14) つの

解説

❶ (14)「背比べ」の「背」を、「せ」と読まないようにしましょう。
❷ (4)「潮風」の「潮」を「塩」と書かないようにしましょう。
❸ (14)「角」には、「かど」や「かく」という読みもありますが、文の意味から判断します。

パズル&クイズ1 行きたい都道府県は？

答え　北海道

愛	知	長	海	徳
媛	宮	崎	福	島
茨	城	静	岡	根
東	和	歌	山	梨
京	都	北	形	道

解説

ます目をぬって、できた都道府県は、愛知・愛媛・宮崎・長崎・徳島・福島・島根・静岡・福岡・岡山・宮城・茨城・東京・京都・和歌山・山梨・山形です。同じ漢字を使った都道府県名が多いことがわかります。その他にも、大阪と大分、神奈川と石川なども同じ漢字が使われています。

動物を表す漢字が入った県（鳥取・鹿児島・熊本）など、漢字に注目してみると、都道府県名を覚えやすくなるかもしれません。

DAY 2

ポイントのチェック

1

(1) ふ
(2) お
(3) くる
(4) にが
(5) は
(6) い
(7) ほそ
(8) こま

2

(1) 従う
(2) 難しい
(3) 静かだ
(4) 教わる
(5) 逆らっ
(6) 表せ
(7) 割れ
(8) 向かう
(9) 冷やす
(10) 積もる
(11) 動かす
(12) 確かめる
(13) 悲しむ
(14) 後ろ

3

(1) 導く
(2) 重ねる
(3) 散らかす
(4) 招い
(5) 勢い
(6) 外れ
(7) 誤り
(8) 最も
(9) 失う
(10) 省い
(11) 激しく
(12) 委ねる
(13) 起きる
(14) 再び

解説

1 (5)・(6)「生」は、多くの読みをもつ漢字です。送りがなに注意して読みましょう。

2 (9)「冷」は送りがなによって、読み方が変わります。「冷やす」の他に、「冷たい」、「冷める」などがあります。

3 (8)「最も」のように最後のかなを送る言葉に「必ず」「再び」があります。

トライ

1

(1) 危ない
(2) 届ける
(3) 染める
(4) 奮う
(5) 忘れる
(6) 認める
(7) 洗う
(8) 述べる
(9) 喜ぶ
(10) 聞こえる
(11) 広げる
(12) 赤らめる
(13) 少ない
(14) 険しい

2

(1) も
(2) せ
(3) ま
(4) まず
(5) そな
(6) あさ
(7) わら
(8) さ
(9) えら
(10) あらそ
(11) いわ
(12) ふか

(13) ひろ
(14) ととの

3
(1) 快い
(2) 若い
(3) 近い
(4) 貸す
(5) 追いかける
(6) 進む
(7) 早める
(8) 受ける
(9) 親しむ
(10) 多い
(11) 走る
(12) 曲がる
(13) 預ける
(14) 始まる

解説

1 (1)「危ない」を「危い」とまちがえやすいので、気をつけましょう。
3 (7) 出発する時間などのときは「早める」、スピード（速さ）のことをいうときは「速める」を使います。

パズル&クイズ2 ようせいをつかまえよう！

答え 8

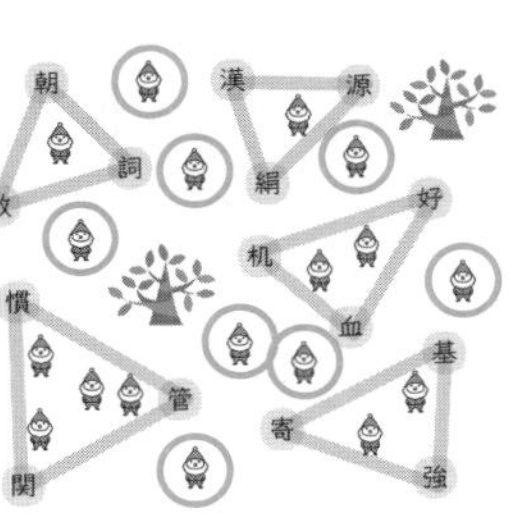

解説

右のパズル&クイズにある漢字の画数を見てみましょう。
好・血・机 … 六画
基・強・寄 … 十一画
朝・詞・散 … 十二画
源・絹・漢 … 十三画
管・慣・関 … 十四画

「強」の部首である「弓」は、三画で書きます。「絹」の部首である「糸」は、六画で書きます。画数をまちがえやすい部首に、注意しましょう。

DAY 3

ポイントのチェック

1
(1) 記・読（順不同）
(2) 顔・額（順不同）
(3) 花・菜（順不同）
(4) 熱・照（順不同）
(5) 病・痛（順不同）

2
(1) 原・厚
(2) 海・浴・油
(3) 制・創
(4) 先・党
(5) 通・連
(6) 家・客
(7) 快・性
(8) 築・算
(9) 閣・間
(10) 放・故
(11) 意・感
(12) 四・国
(13) 電・雪
(14) 座・店

3
(1) かいへい
(2) はいゆう・に
(3) はんべつ
(4) こきゅう
(5) だん・さっ
(6) ひょう・しゃ
(7) けん・の
(8) しき
(9) がい・じゅつ
(10) みどり・あ
(11) ぐんぶ
(12) ふでばこ
(13) そくたつ・おく
(14) せいけつ

解説

1 (4)「照」は、「日（ひ）」を部首としている辞書もあります。
2 (4)「先・党」の部首は、「儿（ひとあし・にんにょう）」です。
(10)「放・故」の部首は、「攵（のぶん・ぼくづくり）」です。「放」は、「方（ほうへん）」を部首としている辞書もあります。
3 (2)「俳・優・似」は、「亻（にんべん）」の漢字です。
(9)「街・術」の部首は、「行（ぎょうがまえ・ゆきがまえ）」です。

トライ

1

(1) 回復
(2) 居間
(3) 種類
(4) 園芸
(5) 印刷
(6) 宇宙
(7) 反射
(8) 幕府
(9) 貯金
(10) 名札
(11) 半
(12) 弓矢
(13) 草原
(14) 欠席

2

(1) どうせん
(2) こゆう
(3) がっしょう
(4) はいきゅう
(5) しめい
(6) ほどうきょう
(7) えきまえ
(8) じいん
(9) でんぱ
(10) きょうだい
(11) しゅい
(12) あまど
(13) かいが
(14) あいけん

3

(1) 存続
(2) 装置
(3) 幼虫
(4) 枚数
(5) 表情
(6) 新米
(7) 季節
(8) 六位
(9) 漢字
(10) 道路
(11) 東京都
(12) 田畑
(13) 薬局
(14) 弁当

解説

1 (2)「居間」は、家に住む人がふだんいる部屋です。

2 (2)「固有」は、その場所(もの)だけに、特別に備わっていることです。

3 (6)「新米」は、新しくとれた米、という意味の他に「慣れていない」という意味もあります。

パズル&クイズ3

欠けた部分を探して

答え

テーブル① 木(きへん)
テーブル② 宀(うかんむり)
テーブル③ 扌(てへん)

解説

テーブルにある漢字の完成形は、次のとおりです。

テーブル①
械・橋・様・根・横

テーブル②
宇・宿・客・富・家

テーブル③
招・投・批・拝・採

「木(きへん)」の漢字は、他に、「植・柱・極・検・机・枝」などがあります。「宀(うかんむり)」や「扌(てへん)」も同じ部首の漢字はたくさんあります。

「柱・注」のように、部首以外の部分が同じ形のものもあるので、注意して覚えましょう。

DAY 4

ポイントのチェック

1

(1) 安・暗
(2) 際・災
(3) 適・的
(4) 貴・基
(5) 権・険
(6) 犯・版
(7) 報・豊

2

(1) 医師 (2) 意志
(3) 習慣 (4) 週刊
(5) 高価 (6) 校歌 (7) 効果
(8) 見当 (9) 検討
(10) 人口 (11) 人工
(12) 支社 (13) 死者 (14) 試写

3

(1) 夢 (2) 無 (3) 祖 (4) 素 (5) 警 (6) 形 (7) 張 (8) 帳 (9) 能 (10) 脳 (11) 液 (12) 益

解説

1 (4)「キ」の音読みをもつ漢字はたくさんあります。

2 (2)「意志」は、「やりとげようとする心や、はっきりした考え」という意味です。同音異義語に、「意思（心の中で思っていること）」や「遺志（なくなった人が生きているときにやろうとしていたこと）」があります。

3 (7)・(8)「張」と「帳」は、形が似ています。同音異字には、形も似た字が多いので、使い分けに注意しましょう。

トライ

1

(1) う
(2) えんかく
(3) ぞうき
(4) たまご
(5) せんとう
(6) ようし
(7) ようさん
(8) へいか
(9) こうそう
(10) しかい
(11) しけつ
(12) きてき
(13) ふしぎ
(14) した

2

(1) きんしょう
(2) かま
(3) さくら
(4) ひりょう
(5) こうかい
(6) あま
(7) きげん
(8) こむぎこ
(9) ひるめし
(10) しかい
(11) はつが
(12) きしべ
(13) えんぶん
(14) ゆうぼく

3

(1) れい
(2) しょぞう
(3) ほうちょう
(4) へいたい
(5) ごぜん
(6) し
(7) ざけ
(8) さかみち
(9) お
(10) の
(11) のはら
(12) てんとう
(13) しんりん
(14) せいねん

解説

1 (14)「舌つづみ」は、食べた物がおいしいとき、思わず舌を鳴らすことです。

2 (2)「構え」は、建物のつくられている様子、つくりです。

3 (9)「負う」は、受けるという意味のほかに、かつぐという意味もあります。

パズル&クイズ4

お宝をゲットするのはだれだ？

答え　コウ

スタート

回	口	会	願	可	講	開	漁
貝	交	工	広	光	位	自	量
海		個	昨	向	械		領
解	界	興	異	好	古	鉱	良
改	階			后	行	産	犬
札	合			湖	孝	固	港
冊	航	校	候	皇	幸	子	止
料	高	数	快		三	耕	絵

解説

右のパズル&クイズにある漢字のなかで、「カイ」「コウ」「リョウ」の読みがあるのは、次のとおりです。

カイ　開・会・回・貝・海・械・解・界・改・階・快・絵

コウ　口・講・交・工・広・光・向・好・鉱・興・后・行・孝・港・幸・皇・候・校・航・高・耕

リョウ　漁・量・領・良・料

DAY 5

ポイントのチェック

1
(1) 玉
(2) 球
(3) 原
(4) 腹
(5) 値
(6) 音
(7) 根

2
(1) 会う
(2) 合う
(3) 着く
(4) 付く
(5) 努める
(6) 勤める
(7) 務める
(8) 丸く
(9) 円く
(10) 折る
(11) 織る
(12) 治める
(13) 修める
(14) 収める

3
(1) 備える
(2) 供える
(3) 説く
(4) 解く
(5) 明ける
(6) 空ける
(7) 開ける
(8) 泣く
(9) 鳴く
(10) 回り
(11) 周り
(12) 写す
(13) 映す
(14) 移す

解説

1 (5)・(6)・(7)「値段」「音色」「根っこ」など、熟語や言葉に置きかえてみると、使い分けがしやすくなります。

2 (5)・(6)・(7)「努力する」と置きかえることができるときは、「努める」と書きます。会社などで働くことを意味するときは、「勤める」と書きます。役目を果たすことを意味するときは、「務める」と書きます。

2 (8)・(9)「丸い」は、ふくらみがあり、球のような形を表すときに使います。「円い」は、「円い窓」のように、平たいものを表すときに使います。

(12)・(13)・(14)「治める」は、政治を行うことや、さわぎなどをしずめるときに、「修める」は、学問などを身につけるときに、「収める」は自分のものにする、決まったところへ片づけるというときに使います。

3 (10)・(11)「回り」は、「一回り」のように、回る回数や十二年を単位とした年れいの数え方などを表すときに使います。「周り」は、主に「周囲」と置きかえることができるときに使います。

(12)・(13)・(14)「写す」は、「書き写す」「写真を写す」のように使います。「映す」は、「スクリーンに映す」のように使います。「移す」は、「席を移す」のように、別の場所に移動させるときに使います。

トライ

1
(1) しゅくしょう
(2) しゃそう
(3) そうさ
(4) こうこう
(5) みなもと
(6) しりぞ
(7) びょうしん
(8) あつ
(9) えだ
(10) やぶ
(11) ひょう
(12) まつ
(13) てんさい
(14) せんば

2
(1) こきょう
(2) りゅういき
(3) きりつ
(4) てっこつ
(5) いじょう
(6) きんぞく
(7) ちょうさ
(8) こうせき
(9) こうざん
(10) ねんぶつ
(11) こうし
(12) か

(13) きょうつう
(14) おんくん

3

(1) たんじゅん
(2) うらがわ
(3) すんぽう
(4) たんにん
(5) しょくどう
(6) おび
(7) こうえい
(8) ようす
(9) たいよう
(10) くん
(11) ちゅうおう
(12) めいせい
(13) ばんぐみ
(14) きんぎょ

解説

1 (4)「孝行」は、子どもが親を大切にする、という意味です。
2 (8)「功績」は、手がらや、すぐれた行い、という意味です。
3 (12)「名声」は、世の中のよい評判、という意味です。

パズル&クイズ5 怪盗xを探せ!

答え 悪

解説

「悪」には、「あく」と「わるーい」という読みがあります。送りがながつくのは、「わるーい」だけです。

「悪」以外の二つの読み方の例は、次のとおりです。

重　重なる・重い
通　通る・通う
増　増やす・増す
治　治める・治る
育　育つ・育む
降　降りる・降る

DAY 6

ポイントのチェック

1

(1) 銀
(2) 未
(3) 的
(4) 松（竹）梅
(5) （東）西（南）北
(6) 世論
(7) 晩成

2

(1) 短時間
(2) 可能性
(3) 定期券
(4) 飼育係
(5) 文化財
(6) 無関心
(7) 代表的
(8) 自由自在
(9) 意気投合
(10) 平身低頭
(11) 単刀直入
(12) 品行方正
(13) 油断大敵
(14) 八方美人

3

(1) めんおりもの
(2) いしょくじゅう
(3) こういてき
(4) きかいか
(5) しさんか
(6) ふこうへい
(7) みかんせい
(8) しつぎおうとう
(9) ごんごどうだん
(10) きしょうてんけつ
(11) こうめいせいだい
(12) じゃくにくきょうしょく
(13) せいこううどく
(14) しんきいってん

4

(1) 以心伝心
(2) 我田引水
(3) 馬耳東風
(4) 因果応報

5

(1) 一
(2) 自
(3) 私
(4) 不
(5) 適
(6) 往
(7) 十

解説

1 (7)「大器晩成」とは、何かを成しとげるような立派な人は、ゆっくり成長して、年をとってから認められるという意味です。

2 (11)「単刀直入」は、いきなり大事なことから始めるという意味です。

(14)「八方美人」とは、どんな人にもいい顔をしようとする人です。

3 (9)「言語道断」は、言葉では表せないほどひどいという意味です。「げんご」と読みまちがえやすいので注意しましょう。

(11)「公明正大」は、公平で正しく行うことです。

5 (1)「一朝一夕」は、一日の朝やひと晩のような、短い時間という意味です。

(6)「右往左往」は、迷ってうろうろしたり、どうしたらよいかと困っていたりする様子です。

トライ

1
(1) 裁判官
(2) 利己
(3) 立候補
(4) 株式会社
(5) 農作物
(6) 消費税
(7) 大統領
(8) 準決勝
(9) 交差点
(10) 体育館
(11) 主人公
(12) 月曜日
(13) 図画工作
(14) 教科書

2
(1) はいかつりょう
(2) もぞうし
(3) ぎんがけい
(4) しゅんかしゅうとう
(5) いちらんひょう
(6) しょじょうけん
(7) せいりょく
(8) てんけい
(9) じんこうえいせい
(10) ふくだいじん
(11) しんかんせん
(12) じょうきゅうせい
(13) ゆうびんきょく
(14) こうこがく

解説

1 (5)「農作物」は、「のうさくもつ」とも読みます。

2 (4)「春夏秋冬」の読みは、「はるなつあきふゆ」と読んでもかまいませんが、四字熟語としては、「しゅんかしゅうとう」と読みます。

(9)「人工衛星」を「人口衛星」と書きまちがえないようにしましょう。

パズル&クイズ6

お宝があるのは、どこ？

答え　五階調理室

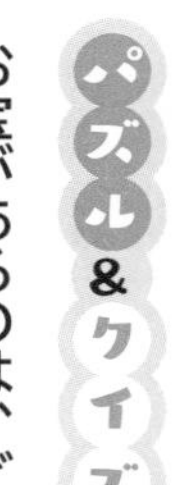

宝を返してほしければ、次の問題を解いてみたまえ。

① 一＋力＋一＝五
② 阝＋比＋白＝階
③ 言＋冂＋吉＝調
④ 王＋日＋土＝理
⑤ 宀＋厶＋土＝室

解説

②「階」の部首は、「阝（こざとへん）」です。同じ部首の漢字は、他に、「院・陽・隊・陸」などがあります。阝の位置が、つくりのところになると、部首は「阝（おおざと）」になります。「阝（おおざと）」を部首にもつ漢字は、他に、「都・部・郡・郷・郵」などです。

DAY 7

ポイントのチェック

1
(1) エ
(2) ア
(3) イ
(4) ウ
(5) イ
(6) ウ
(7) ア
(8) エ

2
(1) ア　かんだん
(2) イ　きゅうじょ
(3) エ　おんじん
(4) イ　けんおん
(5) イ　しゅうのう
(6) イ　けいしょう
(7) ウ　ぜんりょう
(8) ウ　はっちゃく

解説

2 (1)「取捨」は、「反対の意味をもつ漢字の組み合わせ」です。

2 (3)「胃液」は、「胃の液」という意味で、「上の字が下の字を修飾(しゅうしょく)している組み合わせ」です。

(4)「禁漁」は、「漁を禁じる」という意味で、「下の字が『～を』『～に』の意味をもつ組み合わせ」です。

(5)「勤務」は、「同じような意味をもつ漢字の組み合わせ」です。

(6)「胸囲」は、「胸のまわりの長さ」という意味で、「上の字が下の字を修飾している組み合わせ」です。

トライ

1
(1) 村
(2) 終
(3) 憲法
(4) 夕暮
(5) 推理
(6) 遺産
(7) 冬至
(8) 参拝
(9) 磁石
(10) 処理
(11) 穴
(12) 省略
(13) 武士
(14) 歴史

2
(1) かいりょう
(2) ごちょうえん
(3) じしょ
(4) さいしゅうかい
(5) ごうれい
(6) とざん
(7) ひょうごけん
(8) どうわ
(9) しょちゅう
(10) いき
(11) ちゅうい
(12) さとやま
(13) でんち
(14) えんそく

3
(1) 貿易
(2) 暴力
(3) 独立
(4) 賛成
(5) 授業
(6) 反則
(7) 知識
(8) 失礼
(9) 徒歩
(10) 区切
(11) 妹
(12) 谷
(13) 黄金
(14) 王

4
(1) つか
(2) こしょう
(3) ざっし
(4) かんまつ
(5) じゃく
(6) きょうぎ
(7) えいぎょう
(8) けんきゅう
(9) きょうりょく
(10) そうだん
(11) かわ
(12) ふうふ
(13) がいかん
(14) たけ

解説

1 (7) 日本のある北半球では、一年中で昼の時間がいちばん短い日が「冬至」です。年によって、日はちがいますが、十二月二十一、二日ごろです。

4 (4)「巻末」は、本などの終わりの部分という意味です。

パズル＆クイズ7

カードを組み合わせよう！

答え　長

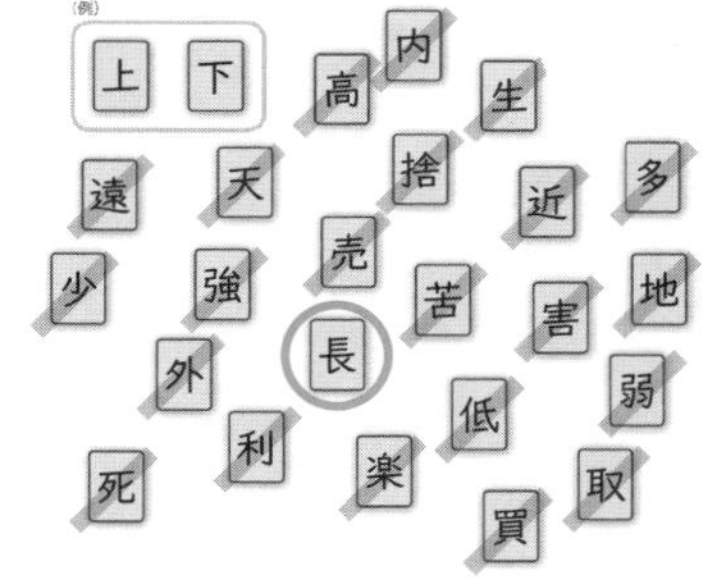

解説

カードを組み合わせてできる、反対の意味をもつ熟語は、次のとおりです。

(例) 上下

高低　内外　生死

遠近　天地　取捨

多少　強弱　売買

苦楽　利害

DAY 8

ポイントのチェック

1

(1) 険
(2) 拡
(3) 希
(4) 輸
(5) 朗
(6) 出

2

(1) 片道
(2) 義務
(3) 過去
(4) 寒冷
(5) 質疑

3

(1) 敬服
(2) 想像
(3) 永遠
(4) 興味
(5) 賃金

解説

1 (5) どちらも人の様子を表す言葉です。「快活」は、明るく、はきはきした様子です。「明朗」は、明るくほがらかな様子です。

2 (3)「将来―過去」は、「来る」と「去る」が反対の意味をもつ漢字になっています。

(4)「温暖」と「寒冷」の熟語の構成は、どちらも「同じような意味をもつ漢字の組み合わせ」になっています。

トライ

1

(1) 町内会
(2) 悪
(3) 垂直
(4) 宣言
(5) 態度
(6) 非常
(7) 寄
(8) 仮説
(9) 録画
(10) 南極
(11) 倉庫
(12) 防具
(13) 複数
(14) 尊

2

(1) きんにく
(2) にさんかたんそ
(3) しゅうにん
(4) あんぴ
(5) さんさつ
(6) せいか
(7) ていしゃ
(8) や
(9) と
(10) くうこう
(11) かい
(12) じんぎ
(13) くろう
(14) ちゅうせい

3

(1) 消毒
(2) 倍率
(3) 証言
(4) 旧式
(5) 破
(6) 民族
(7) 商売
(8) 昔話
(9) 両方
(10) 荷物

(11) 湖
(12) 市場
(13) 何
(14) 厳重

4
(1) たいさく
(2) ほうせき
(3) たんじょうび
(4) てんじ
(5) じゅんじょ
(6) しょうたい
(7) ほかん
(8) たいりく
(9) ぶんしょう
(10) まいにち
(11) さら
(12) はこ
(13) くも
(14) ないかく

解説

2 (3)「就任」は、役目につくことです。

3 (5)「破れる」を「敗れる」と書きまちがえないように注意しましょう。

パズル&クイズ8

犯人はどの動物?

答え 犬

解説

① **犬も歩けばぼうにあたる**
出歩いていると、ぼうでなぐられるような悪いことにあう、ということや、積極的に出歩いていると、よいことにあうことのたとえです。

② **飼い犬に手をかまれる**
ふだん世話をしている人に、裏切られることのたとえです。

③ **犬猿(けんえん)の仲**
仲がとても悪いことのたとえです。反対の意味の慣用句に「馬が合う」があります。

④ **犬に論語**
理解できない人に立派な教えを伝えても、むだだということのたとえです。

⑤ **犬が西向きゃ尾(お)は東**
犬が西を向くと、しっぽ(尾)が東に向くように、当然のことのたとえです。

DAY 9

ポイントのチェック

1
(1) ア
(2) イ
(3) ア
(4) イ

2

	誤	正
(1)	脈	派
(2)	限	眼
(3)	貨	賃
(4)	著	署
(5)	約	訳
(6)	従	住
(7)	論	輪
(8)	方	片
(9)	個	故
(10)	柱	往

解説

1 (4)「積」と「績」は、読みが同じで、形も似ているので、まちがえやすい漢字です。「積」は「面積」のように使います。

2 (3)「貨」と「賃」は、形が似ていて、意味も似ているので、まちがえやすい漢字です。

トライ

1
(1) も
(2) さが
(3) みだ
(4) じゅうおう
(5) も
(6) てっこうぎょう
(7) せいかく
(8) た
(9) ていじ
(10) じっけん
(11) ようふく
(12) こくばん
(13) ふじん
(14) いちまんえん

2
(1) かめい
(2) ひひょう
(3) しょうらい
(4) るすばん
(5) こうしゃ
(6) じょうたい
(7) そんがい

(8) なかま
(9) す
(10) しんごう
(11) あんない
(12) れんしゅう
(13) しあわ
(14) はたら

3
(1) せんよう
(2) しんぴ
(3) ぼうめい
(4) けいざい
(5) つみ
(6) だんけつ
(7) そこ
(8) おくまん
(9) そつぎょうしき
(10) もくじ
(11) へんじ
(12) かんたん
(13) ぎょうれつ
(14) だいいち

4
(1) きょうしつ
(2) えんそう
(3) げんじつ
(4) そうごう
(5) せいじ
(6) あつりょく

(7) ぎだい
(8) かくち
(9) えいご
(10) ひつよう
(11) ゆうき
(12) じじつ
(13) にわ
(14) ぐんしゅう

解説

1 (7)「竹を割ったよう」とは、こだわらない、さっぱりした様子です。

(9)「提示」は、書類などを差し出して見せるという意味です。

2 (2)「批評」は、ものごとの良い悪いについて、意見を言うという意味です。

3 (2)「神秘」は、理解できない不思議なことです。

(3)「亡命」は、政治的な理由などで、自分の国からはなれ、他の国へにげるという意味です。

4 (14)「群衆」の「群」の読みは、「むら」や「む-れ」などもあり、「人が群がる」や「鳥の群れ」のように使います。

パズル&クイズ9 気球に入る漢字は何だ?

答え
①目 ②手 ③顔
④鼻 ⑤頭

解説

① **目から鼻にぬける**
理解するのが早いことを表す慣用句です。

② **手を焼く**
自分の力ではうまくできないという意味です。似た意味の慣用句に「手に余る」があります。

③ **顔にどろをぬる**
人の立場を悪くするという意味です。似た意味の慣用句に「顔をつぶす」、反対の意味の慣用句に「顔を立てる」があります。

④ **鼻を明かす**
人のすきをついてあっと言わせるという意味です。

⑤ **頭が下がる**
努力をしている人など立派な人を尊敬するという意味です。

DAY 10

ポイントのチェック

1
(1) ゆきがっせん
(2) さらいねん
(3) くとうてん
(4) ぐんて
(5) やくば
(6) てせい
(7) さしず

2
(1) むら
(2) ふなたび
(3) だいず
(4) とく
(5) ざんだか
(6) さかいめ
(7) ちゃばしら
(8) こばん
(9) ぬのじ
(10) なみきみち
(11) あいぼう
(12) ゆげ
(13) どひょう
(14) ゆびわ

解説

1 (2)「再来年」は、「さいらいねん」と読みまちがえないようにしましょう。

(4)・(5)「軍手」「役場」は、音読み＋訓読みの熟語です。

(6)・(7)「手製」「指図」は、訓読み＋音読みの熟語です。

トライ

1

(1) 垂
(2) 申
(3) 宗教
(4) 大勢
(5) 旗
(6) 父
(7) 願望
(8) 健康
(9) 落
(10) 歯
(11) 程度
(12) 変化
(13) 顔
(14) 入

2

(1) 門
(2) 退院
(3) 窓
(4) 洗面所
(5) 岩
(6) 水蒸気
(7) 除
(8) 縦
(9) 捨
(10) 姿
(11) 厳
(12) 吸
(13) 迷
(14) 豊

3

(1) 設置
(2) 七階
(3) 墓前
(4) 打
(5) 求
(6) 材料
(7) 同
(8) 宿
(9) 葉
(10) 母
(11) 妻
(12) 水泳
(13) 勉強
(14) 課題

4

(1) 観察
(2) 初
(3) 孫
(4) 標識
(5) 個人
(6) 象
(7) 砂場
(8) 痛
(9) 探検
(10) 預金
(11) 食欲
(12) 糖分
(13) 呼
(14) 補

解説

3 (14)「課題」は、あたえられた問題という意味です。同音異義語の「過大」は、大きすぎるという意味です。

4 (10)「預金」は、銀行にお金を預けるという意味です。

(12)「糖分」は、食べ物のあまみという意味です。

パズル&クイズ10 優勝したのはだれ？

答え せりか

解説

小学校で学習する漢字で、音読みで「イ」と読むものは、次のとおりです。

以・衣・位・囲・医・委・胃・異・移・意・遺・易

それぞれのカードでできる主な熟語は、次のとおりです。

まどか　周囲・位置

りく　用意・異例・上位(以上)

せりか　水位・遺産・意味・衣服・以前

しゅん　胃腸・委員・移住・方位

えり　白衣・移動・異常

しょうた　意見・得意・移民(民意)・差異

復習テスト①

1

(1) よこ
(2) やね
(3) かいがん
(4) けんきゅう
(5) きょくせん
(6) つか
(7) あつ
(8) ごおり
(9) しんこきゅう
(10) せいれつ
(11) ぜんぶ
(12) きゅうそく
(13) だいめい
(14) ちゅうい
(15) ふえ
(16) くば

解説

1 (6)「仕える」は、立場の上の人の指図に従って働くという意味です。送りがなにも注意しましょう。

2

(1) せつやく
(2) ふし
(3) さ
(4) してい
(5) おさな
(6) ようじ
(7) にっき
(8) しる

3

(1) 真面目
(2) 眼鏡
(3) 茨城
(4) 神奈川
(5) 知
(6) 朝食
(7) 東
(8) 半分

解説

2 (3)・(4)「さーす」が訓読みで、「シ」が音読みです。「指」には、「ゆび」という訓読みもあります。

3 (1)・(2)・(3)・(4)「真面目」「眼鏡」「茨城」「神奈川」は、特別な読み方をする言葉です。

4

(1) 通う
(2) 必ず
(3) 暮れる
(4) 疑う
(5) 訪ねる
(6) 加える
(7) 用いる
(8) 守る

5

(1) 店・広
(2) 投・打
(3) 教・数
(4) 英・荷
(5) 達・道
(6) 図・園

解説

4 (2)「必ず」の送りがなは、まちがえやすいので注意しましょう。

5 (1)「广(まだれ)」の漢字で、他に、「庫・庭・度・康・底・序・座・庁」などがあります。

(3)「攵(のぶん・ぼくづくり)」の漢字で、他に、「救・散・故・政・敵・敬」などがあります。

6

(1) 現金
(2) 厳禁
(3) 慣習
(4) 観衆
(5) 司会
(6) 視界
(7) 効果
(8) 高価
(9) 追
(10) 負
(11) 下
(12) 降
(13) 止
(14) 留
(15) 敗
(16) 破

解説

6 (2)「厳禁」は、してはいけないと、厳しく止めることです。

(3)「慣習」は、古くからあるしきたりのことです。

(5)・(6) 同音異義語には、他に「死海(外国にある塩分の多い湖)」や「歯科医」などがあります。

(11)「幕がおりる」という場合も、「下りる」を使います。

復習テスト②

1

(1) ウ
(2) イ
(3) エ
(4) ア
(5) イ
(6) ア
(7) イ
(8) ア

2

	誤	正
(1)	慣	鳴
(2)	放	包
(3)	悲	非
(4)	典	展
(5)	拾	捨

解説

❶ (3)「休刊」は、（発）刊を休むという意味です。

❷ (1)「慣らす」は、くり返して、うまくできるようにするという意味です。「鳴らす」は、楽器などの音を出すという意味です。

3

(1) 単刀直入
(2) 油断大敵
(3) 起承転結
(4) 晴耕雨読

4

(1) 救急車
(2) 安全性
(3) 日進月歩
(4) 絶体絶命
(5) 都道府県
(6) 賞味期限
(7) 適材適所
(8) 右往左往

解説

❹ (4)「絶体絶命」は、危険なことや、難しい事がらから、にげられない状態です。「絶対絶命」と書きまちがえやすいので、注意しましょう。
(7)「適材適所」は、その人の力によく合った、仕事や立場をあたえることです。「適材」は、適した能力、「適所」は適した場所という意味です。

5

(1) 延長
(2) 応答
(3) 外出
(4) 河口
(5) 秘密

6

(1) 宣伝
(2) 過去
(3) 家屋
(4) 苦言
(5) 向上

解説

❺ (4)「水源」と「河口」は、共通した漢字がないうえに、それぞれの漢字の意味からも対応していることがわかりにくくなっています。このようなときは、言葉の意味から考えましょう。

「水源」は、川の水が流れ出るもとのことで、川のはじまりのところです。「河口」は、川の水が海や湖などに流れこむ場所のことで、川の終わりのところです。

7

(1) きゅうしょく
(2) ふくしゅう
(3) げいじゅつ
(4) す
(5) うしな
(6) はぶ
(7) つづ
(8) のぞ

8

(1) 成功
(2) 最初
(3) 富
(4) 残
(5) 労働
(6) 飛行機
(7) 興奮
(8) 郷土

解説

❼ (4)「刷る」は、印刷するという意味です。「刷」の音読みは「さつ」、訓読みは「す－る」です。

❽ (3)「貧富（ひんぷ）」は、反対の意味をもつ漢字の組み合わせです。
(8)「郷土」は、それぞれの地方や、ふるさとという意味です。

この本の使い方

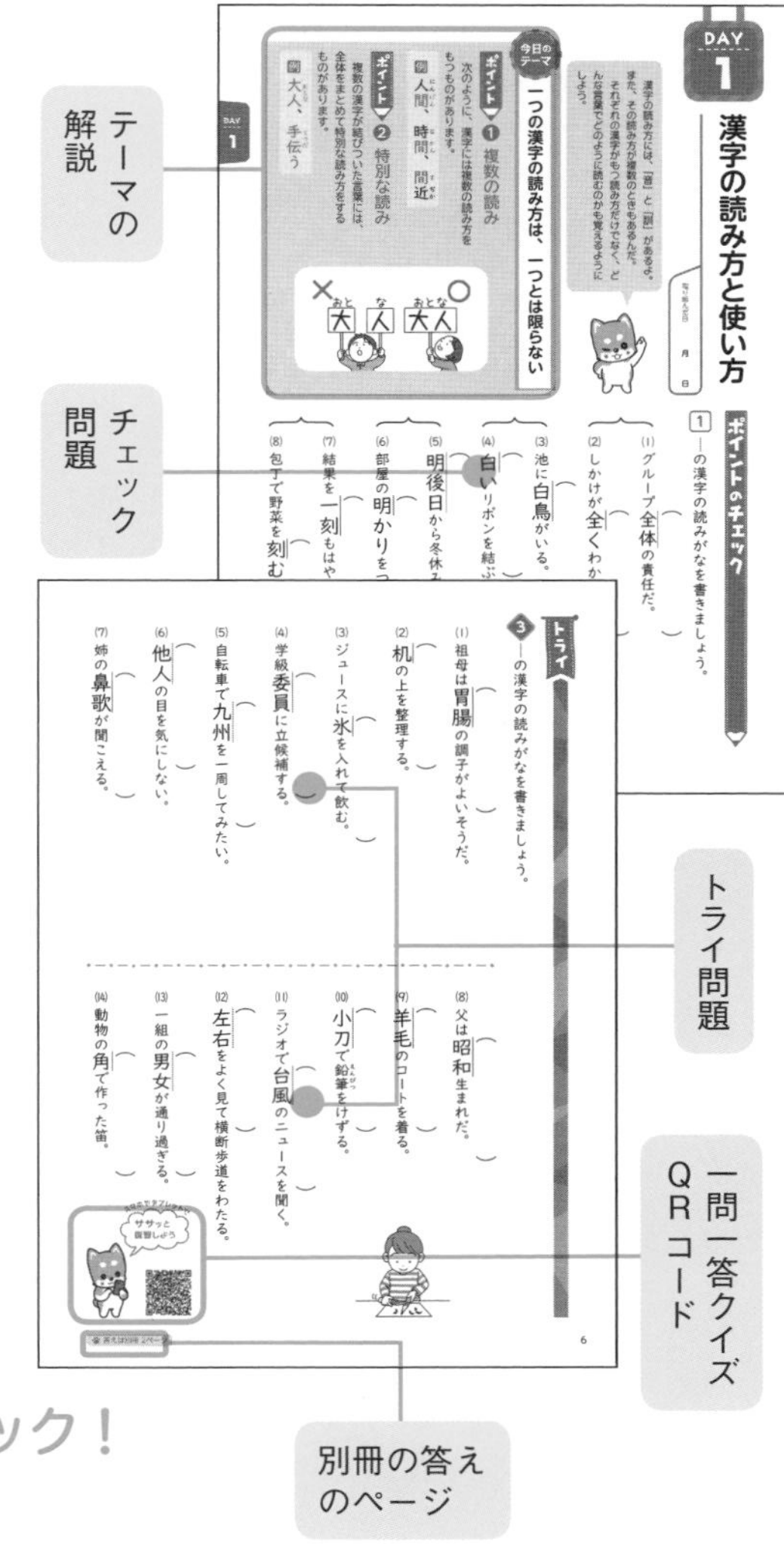

① ポイントを確認して、「今日のテーマ」を理解しよう！

テーマをすっきりとポイントで解説。さらに、ポイントの定着をはかるチェック問題を出題しています。

② トライ問題にチャレンジして、語いをチェックしよう！

小学校１～６年で学習した漢字をランダムに出題しています。

③ コラムで、語いをふくらませよう！

ことわざや慣用句など、知っておきたい言葉を解説しています。

④ パズル＆クイズで、力だめし！

漢字や言葉の知識をいかして解くパズルやクイズを出題しています。

⑤ 復習テストを解こう！

10日間で学習した内容を２回のテストに分けて出題しています。

⑥ 学習する漢字一覧でしあげのチェック！

巻末に、小学６年間の漢字すべてがのった「一年生から六年生で学習する漢字一覧」があります。

一問一答クイズ

DAY1 ～ DAY10 には、**QR コードを読み取るだけ**で利用できる一問一答クイズがついています。その日の内容をゲーム感覚で簡単にふり返ることができ、習得度の確認にも役立ちます。

左の QR コード、または DAY1 ～ DAY10 の最後のページにのっている QR コードからアクセスできます。

PCから **URL：https://cds.chart.co.jp/books/vzwcvlin97**

便利な使い方　一問一答クイズが利用できるページをスマホやタブレットのホーム画面に追加することで、毎回 QR コードを読みこまなくても起動できるようになります。
くわしくは QR コードを読み取り、左上のメニューバー「≡」＞「ヘルプ」＞「便利な使い方」をご覧ください。

・QR コードは株式会社デンソーウェーブの登録商標です。　・内容は予告なしに変更する場合があります。
・通信料はお客様のご負担となります。Wi-Fi 環境での利用をおすすめします。　・初回使用時は利用規約を必ずお読みいただき，同意いただいた上でご使用ください。

もくじ

小学6年間の
漢字・言葉を
10日でしっかり
総復習しよう!

数犬(すうけん) チャ太郎(たろう)

DAY 1

漢字の読み方と使い方

取り組んだ日　　月　　日

漢字の読み方には、「音」と「訓」があるよ。また、その読み方が複数のときもあるんだ。それぞれの漢字がもつ読み方だけでなく、どんな言葉でどのように読むのかも覚えるようにしよう。

今日のテーマ

一つの漢字の読み方は、一つとは限らない

ポイント1 複数の読み

次のように、漢字には複数の読み方をもつものがあります。

例　人間（にんげん）、時間（じかん）、間近（まぢか）

ポイント2 特別な読み

複数の漢字が結びついた言葉には、全体をまとめて特別な読み方をするものがあります。

例　大人（おとな）、手伝う（てつだう）

×　大（おと）　人（な）

○　大人（おとな）

ポイントのチェック

1　―の漢字の読みがなを書きましょう。

(1) グループ全体の責任だ。（　　）

(2) しかけが全くわからない。（　　）

(3) 池に白鳥がいる。（　　）

(4) 白いリボンを結ぶ。（　　）

(5) 明後日から冬休みだ。（　　）

(6) 部屋の明かりをつける。（　　）

(7) 結果を一刻もはやく知らせたい。（　　）

(8) 包丁で野菜を刻む。（　　）

もっとくわしく　ポイント1

永久（えいきゅう）

久しい（ひさしい）

「久」の「きゅう」は、音読み、「ひさ-しい」は、訓読みです。

ポイントのチェック

2 ──の漢字の読みがなを書きましょう。

(1) 弟はゲームが下手だ。（　　　）
(2) 河原で石を拾う。（　　　）
(3) 姉さんは高校生だ。（　　　）
(4) 毎朝、果物を食べる。（　　　）
(5) 美しい景色をながめる。（　　　）
(6) 公園で友達と遊ぶ。（　　　）
(7) 私の部屋は二階にある。（　　　）

もっとくわしく ポイント❷

明日は七夕（たなばた）だ。

「七夕」は、「たなばた」と読みますが、七と夕のそれぞれの漢字には、「たな」や「ばた」という読みはありません。「たなばた」は、「七夕」という言葉だけの特別な読み方なのです。

3 ──の県名の読みがなを書きましょう。

(1) びわ湖は滋賀県にある。（　　　）
(2) 岐阜で和紙を買う。（　　　）
(3) 愛媛はみかんの産地だ。（　　　）
(4) 神通川（じんづうがわ）は富山県を流れる川だ。（　　　）
(5) 飛行機で鹿児島に向かう。（　　　）
(6) 大分の温泉に行く。（　　　）
(7) うず潮で有名な鳴門（なると）市は徳島県にある。（　　　）

ポイントのチェック

4 □にあてはまる言葉を漢字で書きましょう。

(1) 父は料理が□（じょうず）だ。

(2) 開店してからもう□（はつか）になる。

(3) おじは物知り□（はかせ）だ。

(4) 冷たい□（しみず）を飲む。

(5) 弟が□（まいご）になる。

(6) □（めがね）をかける。

(7) □（けさ）は早起きをした。

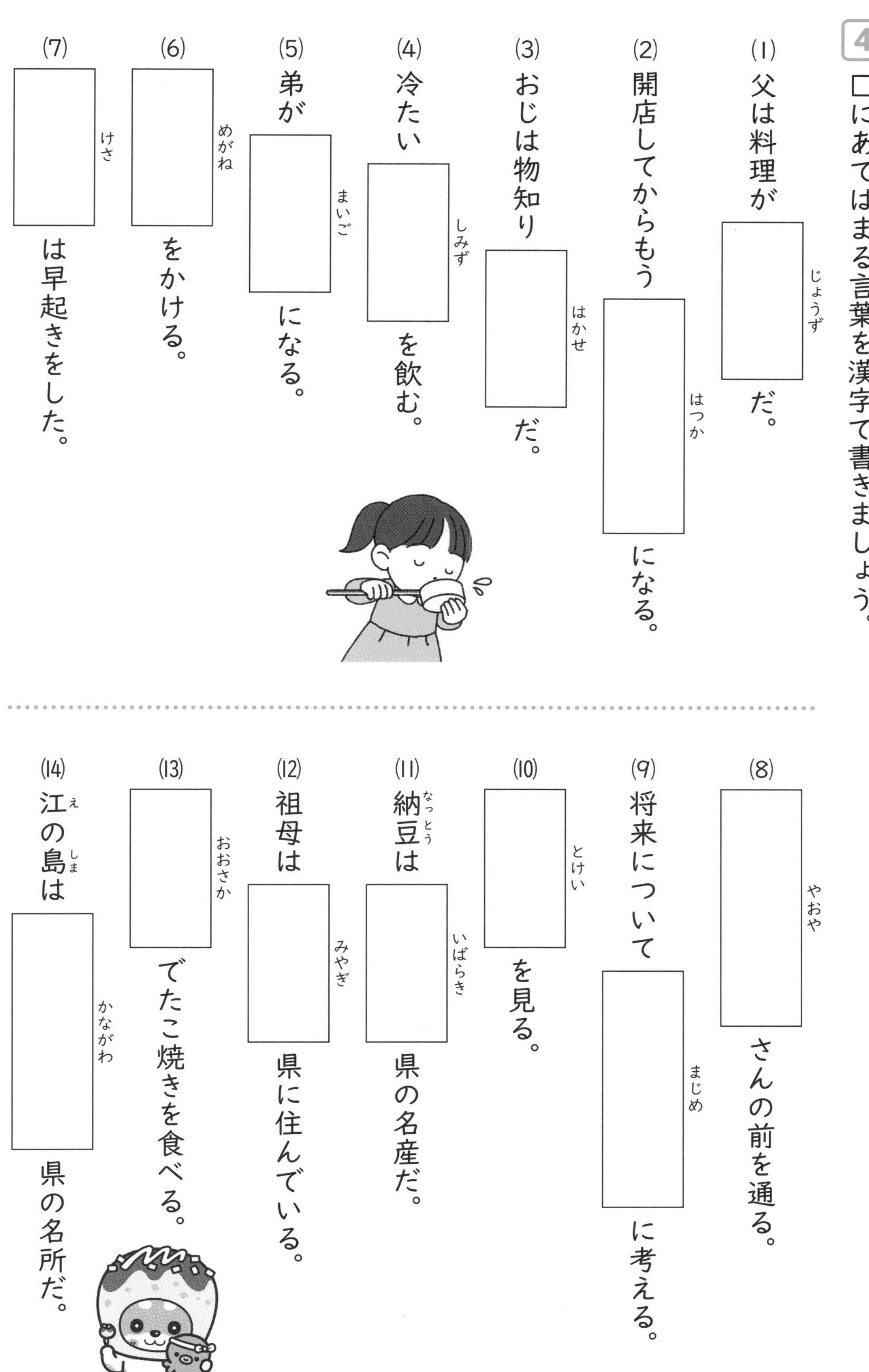

(8) □（やおや）さんの前を通る。

(9) 将来について□（まじめ）に考える。

(10) □（とけい）を見る。

(11) 納豆（なっとう）は□（いばらき）県の名産だ。

(12) 祖母は□（みやぎ）県に住んでいる。

(13) □（おおさか）でたこ焼きを食べる。

(14) 江（え）の島（しま）は□（かながわ）県の名所だ。

トライ

1 ―の漢字の読みがなを書きましょう。

(1) いちごは栃木の名産だ。（　　　）

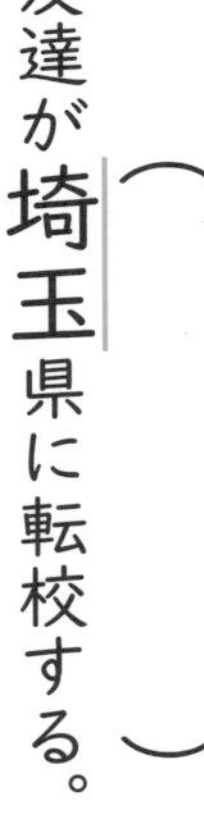

(2) 友達が埼玉県に転校する。（　　　）

(3) 新潟は米どころとして有名だ。（　　　）

(4) 福井県で恐竜（きょうりゅう）の化石が見つかる。（　　　）

(5) 山梨はぶどうづくりがさかんだ。（　　　）

(6) 静岡はお茶の産地だ。（　　　）

(7) 鳥取で砂丘（さきゅう）を見た。（　　　）

(8) 香川県はうどんの消費量が多い。（　　　）

(9) 佐賀で焼き物を買う。（　　　）

(10) 宮崎県には野生の馬がいる。（　　　）

(11) 阿蘇山（あそさん）は熊本県にある。（　　　）

(12) 夏休みに沖縄へ旅行する。（　　　）

(13) 美しい皇后が登場する物語を読む。（　　　）

(14) 毎年、夏にはいとこと背比べをする。（　　　）

トライ

DAY 1

2 □にあてはまる言葉を漢字で書きましょう。

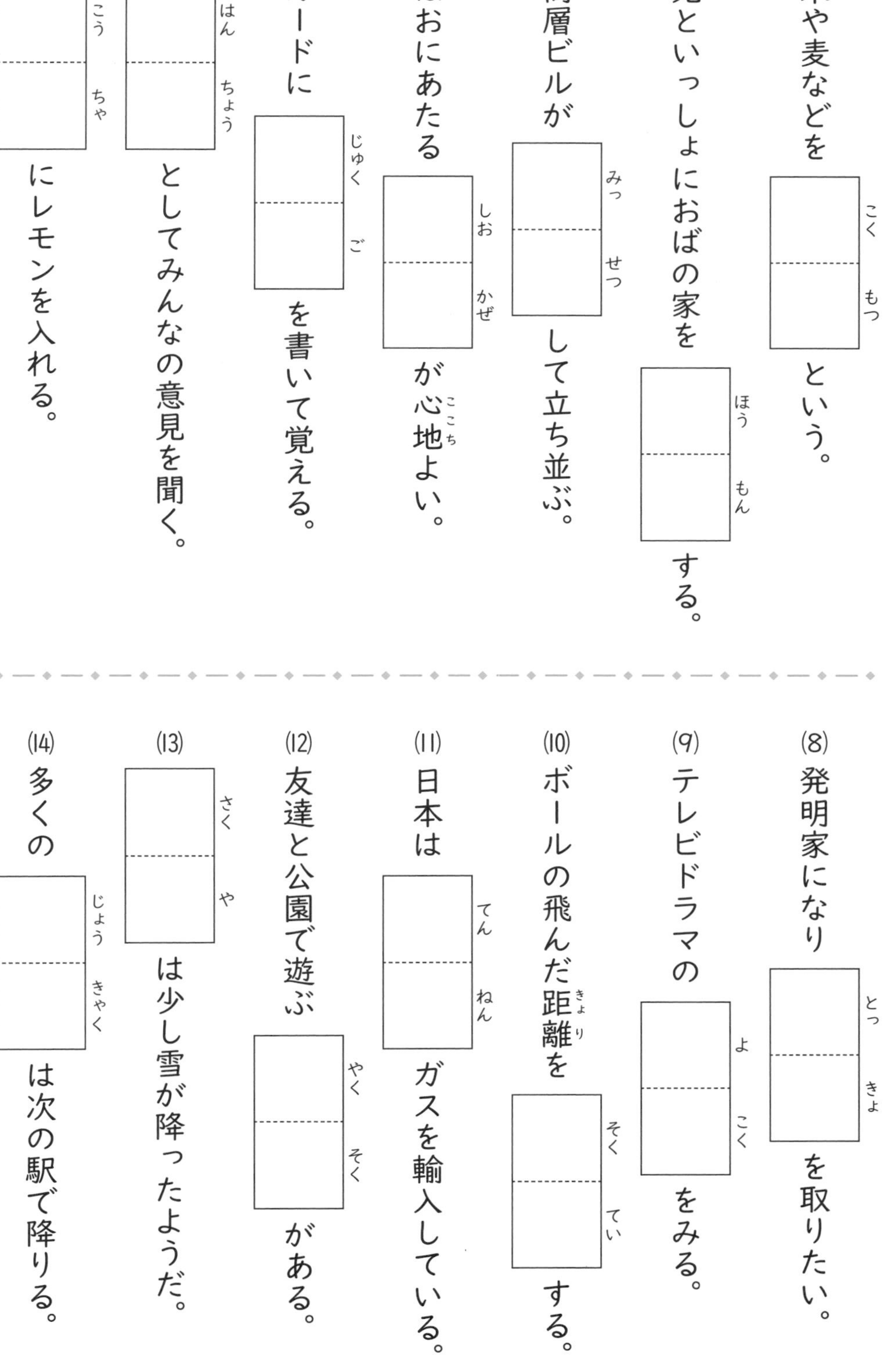

(1) 米や麦などを□□（こくもつ）という。

(2) 兄といっしょにおばの家を□□（ほうもん）する。

(3) 高層ビルが□□（みっせつ）して立ち並ぶ。

(4) ほおにあたる□□（しおかぜ）が心地（ここち）よい。

(5) カードに□□（じゅくご）を書いて覚える。

(6) □□（はんちょう）としてみんなの意見を聞く。

(7) □□（こうちゃ）にレモンを入れる。

(8) 発明家になり□□（とっきょ）を取りたい。

(9) テレビドラマの□□（よこく）をみる。

(10) ボールの飛んだ距離（きょり）を□□（そくてい）する。

(11) 日本は□□（てんねん）ガスを輸入している。

(12) 友達と公園で遊ぶ□□（やくそく）がある。

(13) □□（さくや）は少し雪が降ったようだ。

(14) 多くの□□（じょうきゃく）は次の駅で降りる。

トライ

3 ―の漢字の読みがなを書きましょう。

(1) 祖母は胃腸の調子がよいそうだ。（　　）

(2) 机の上を整理する。（　　）

(3) ジュースに氷を入れて飲む。（　　）

(4) 学級委員に立候補する。（　　）

(5) 自転車で九州を一周してみたい。（　　）

(6) 他人の目を気にしない。（　　）

(7) 姉の鼻歌が聞こえる。（　　）

(8) 父は昭和生まれだ。（　　）

(9) 羊毛のコートを着る。（　　）

(10) 小刀で鉛筆（えんぴつ）をけずる。（　　）

(11) ラジオで台風のニュースを聞く。（　　）

(12) 左右をよく見て横断歩道をわたる。（　　）

(13) 一組の男女が通り過ぎる。（　　）

(14) 動物の角で作った笛。（　　）

スマホやタブレットで
ササッと復習しよう

答えは別冊 2ページ

ここもしっかり！

コラム1 都道府県県庁所在地①

都道府県と県庁所在地の名前、位置を確認しよう！ まずは、東日本だよ。

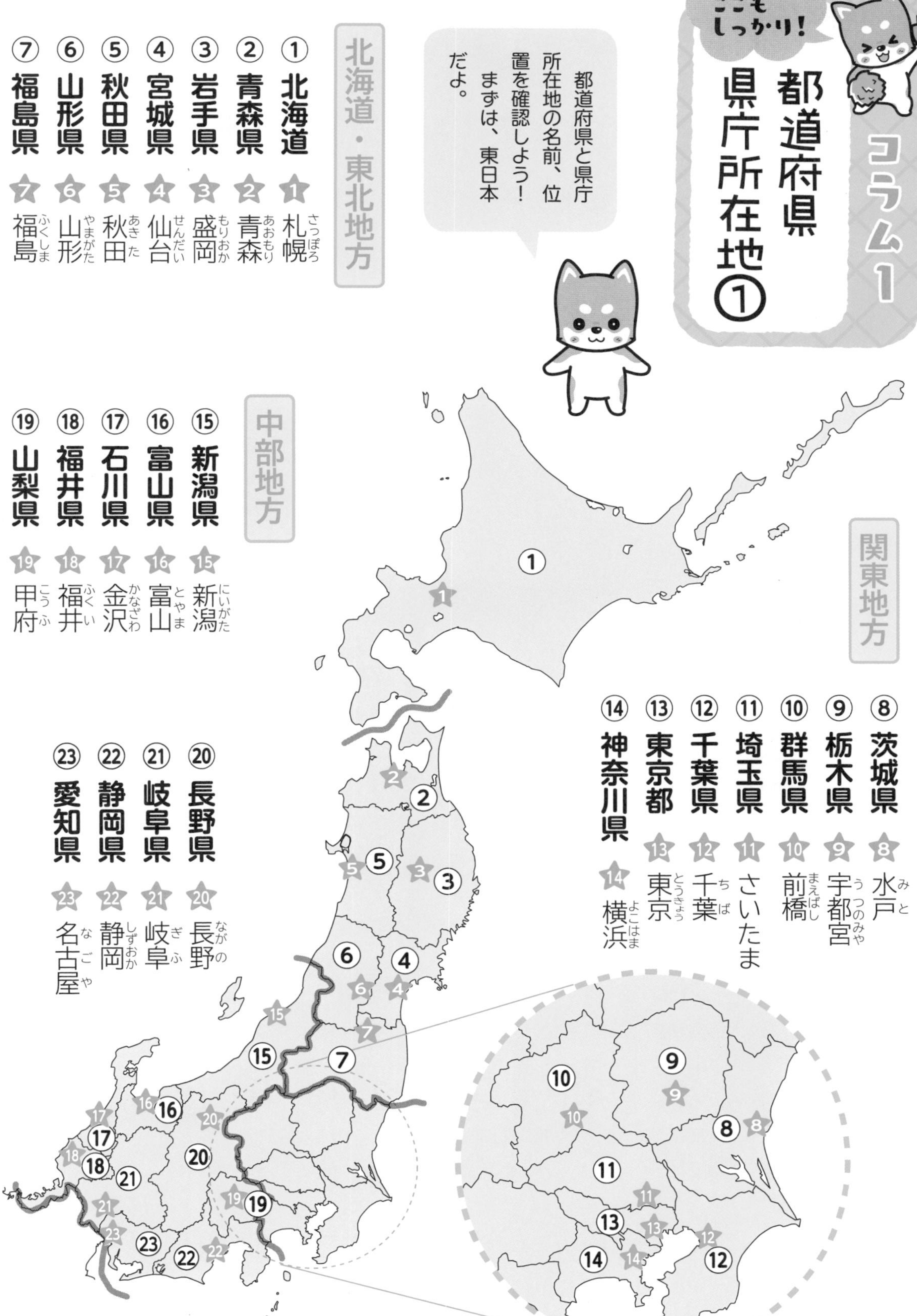

北海道・東北地方

	都道府県	県庁所在地
①	北海道	札幌（さっぽろ）
②	青森県	青森（あおもり）
③	岩手県	盛岡（もりおか）
④	宮城県	仙台（せんだい）
⑤	秋田県	秋田（あきた）
⑥	山形県	山形（やまがた）
⑦	福島県	福島（ふくしま）

関東地方

	都道府県	県庁所在地
⑧	茨城県	水戸（みと）
⑨	栃木県	宇都宮（うつのみや）
⑩	群馬県	前橋（まえばし）
⑪	埼玉県	さいたま
⑫	千葉県	千葉（ちば）
⑬	東京都	東京（とうきょう）
⑭	神奈川県	横浜（よこはま）

中部地方

	都道府県	県庁所在地
⑮	新潟県	新潟（にいがた）
⑯	富山県	富山（とやま）
⑰	石川県	金沢（かなざわ）
⑱	福井県	福井（ふくい）
⑲	山梨県	甲府（こうふ）
⑳	長野県	長野（ながの）
㉑	岐阜県	岐阜（ぎふ）
㉒	静岡県	静岡（しずおか）
㉓	愛知県	名古屋（なごや）

国語  &  

行きたい都道府県は？

旅行好きなカンタさん。今まで、十七の都道府県を旅したよ。行ったことのある都道府県名で、パズルを作ったんだ。都道府県名を見つけて、ます目をぬろう。例の愛知、愛媛の「愛」のように重なる字もあるよ。

残った字を組み合わせると、カンタさんが次に行きたい都道府県名になるんだ。それは、どこかな。

▲カンタさん

（例）

愛	知	長	海	徳
媛	宮	崎	福	島
茨	城	静	岡	根
東	和	歌	山	梨
京	都	北	形	道

カンタさんが次に行きたい都道府県は ＿＿＿＿

答えは別冊 3ページ

DAY 2

送りがな

漢字を訓読みするときに、漢字の下に続けて書くかなを送りがなというよ。
送りがなは、漢字の読み方や言葉の意味をはっきりさせるはたらきがあり、その形は使い方によって変わることがあるんだ。

取り組んだ日　月　日

今日のテーマ

送りがなで、言葉の意味がはっきりする

ポイント ① 意味

次のように、送りがなによって漢字の読み方や意味が変わるものがあります。

例　覚(さ)める・覚(おぼ)える

ポイント ② 形

送りがなは、使い方によって形が変わることがあります。

例　青い空・空は青かった
青く染まる・実が青ければ

覚(さ)める　覚(おぼ)える

ポイントのチェック

1 ―の漢字の読みがなを書きましょう。

(1) にわか雨が降る。（　　）
(2) 急いで電車を降りる。（　　）
(3) 走って、息が苦しい。（　　）
(4) 苦い薬を飲む。（　　）
(5) 空き地に草が生える。（　　）
(6) 花びんにばらを生ける。（　　）
(7) 細いひもを結ぶ。（　　）
(8) 細かいところまで気を配る。（　　）

もっとくわしく

雨

「雨」の訓読みには、「あめ」「あま」がありますが、送りがなはつきません。訓読みをする漢字でも、送りがながつかないこともあります。

ポイントのチェック

2 □にあてはまる言葉を漢字一字と送りがなで書きましょう。

(1) 先生の指示に □（したがう）。

(2) □（むずかしい） 問題を解く。

(3) 外はとても □（しずかだ）。

(4) 姉から漢字を □（おそわる）。

(5) 風に □（さからっ） て歩く。

(6) うまく言葉に □（あらわせ） ない。

(7) 意見が □（われ） たら話し合おう。

もっとくわしく ポイント 2

書く
書かない
書いた
書けば
書こう

美しい
美しかろう
美しかった
美しくなる
美しければ

送りがなの形の変わり方は、言葉によってちがいます。

(8) 家から駅へ □（むかう）。

(9) すいかを水で □（ひやす）。

(10) 三年ぶりに雪が □（つもる）。

(11) 庭で体を □（うごかす）。

(12) 地図で道を □（たしかめる）。

(13) 人が □（かなしむ） ことはしない。

(14) □（うしろ） めたい気持ちになる。

ポイントのチェック

3 □にあてはまる言葉を漢字一字と送りがなで書きましょう。

(1) 来ひんを会場に［みちびく］。

(2) 画用紙を二枚［かさねる］。

(3) 妹が部屋を［ちらかす］。

(4) 友達を［まねい］て誕生会をする。

(5) 水が［いきおい］よく飛び出す。

(6) 予想が［はずれ］てがっかりする。

(7) 漢字の［あやまり］に気づく。

(8) 富士山（ふじさん）は日本で［もっとも］高い山だ。

(9) 希望を［うしなう］ことはない。

(10) 手間を［はぶい］て時間を作る。

(11) 風が［はげしく］ふいている。

(12) 班長に判断を［ゆだねる］。

(13) 毎朝、六時に［おきる］。

(14) ［ふたたび］島を訪ねる。

トライ

1 □にあてはまる言葉を漢字と送りがなで書きましょう。

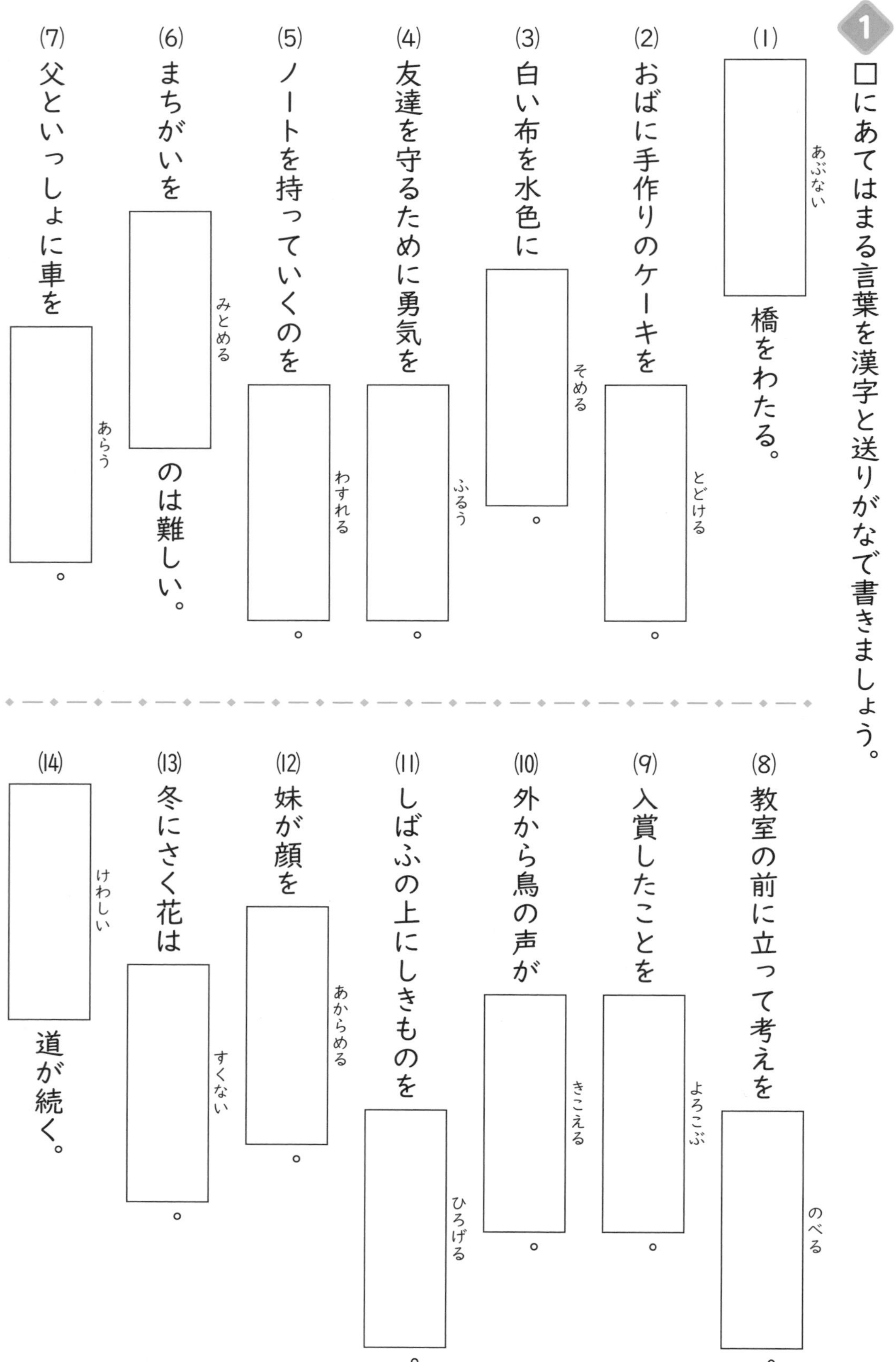

(1) □（あぶない）橋をわたる。

(2) おばに手作りのケーキを□（とどける）。

(3) 白い布を水色に□（そめる）。

(4) 友達を守るために勇気を□（ふるう）。

(5) ノートを持っていくのを□（わすれる）。

(6) まちがいを□（みとめる）のは難しい。

(7) 父といっしょに車を□（あらう）。

(8) 教室の前に立って考えを□（のべる）。

(9) 入賞したことを□（よろこぶ）。

(10) 外から鳥の声が□（きこえる）。

(11) しばふの上にしきものを□（ひろげる）。

(12) 妹が顔を□（あからめる）。

(13) 冬にさく花は□（すくない）。

(14) □（けわしい）道が続く。

トライ

2 ――の漢字の読みがなを書きましょう。

(1) 燃えるようにあかい夕日だ。（　　）

(2) まちがった人を責めるつもりはない。（　　）

(3) 小麦粉に塩が混じる。（　　）

(4) 貧しい家に生まれた少年が出世する。（　　）

(5) 練習をして発表会に備える。（　　）

(6) 浅い池でも入ってはいけない。（　　）

(7) じょうだんを聞いて大声で笑う。（　　）

(8) かみなりの音で目が覚める。（　　）

(9) 図書室で本を選ぶ。（　　）

(10) 一組と三組が優勝を争う。（　　）

(11) 誕生日を祝う。（　　）

(12) 裏庭に深い井戸（いど）がある。（　　）

(13) 道ばたで財布（さいふ）を拾う。（　　）

(14) 鏡を見ながらかみを整える。（　　）

DAY 2

トライ

3 □にあてはまる言葉を漢字と送りがなで書きましょう。

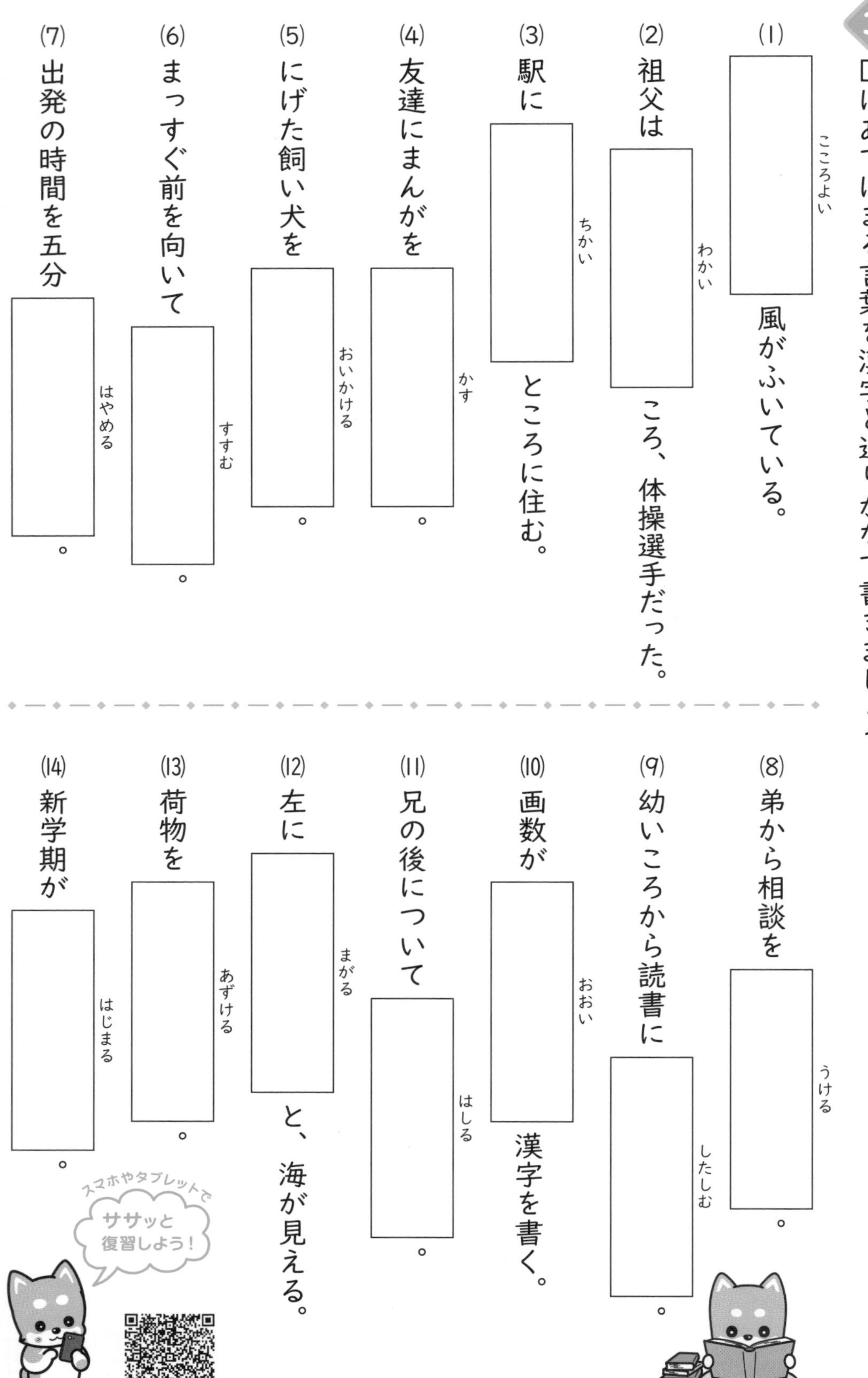

(1) □（こころよい）風がふいている。

(2) 祖父は□（わかい）ころ、体操選手だった。

(3) 駅に□（ちかい）ところに住む。

(4) 友達にまんがを□（かす）。

(5) にげた飼い犬を□（おいかける）。

(6) まっすぐ前を向いて□（すすむ）。

(7) 出発の時間を五分□（はやめる）。

(8) 弟から相談を□（うける）。

(9) 幼いころから読書に□（したしむ）。

(10) 画数が□（おおい）漢字を書く。

(11) 兄の後について□（はしる）。

(12) 左に□（まがる）と、海が見える。

(13) 荷物を□（あずける）。

(14) 新学期が□（はじまる）。

スマホやタブレットで
ササッと復習しよう！

答えは別冊 3ページ

ここもしっかり！

コラム2 都道府県 県庁所在地②

近畿地方

番号	府県	府県庁所在地
24	三重県	津（つ）
25	滋賀県	大津（おおつ）
26	京都府	京都（きょうと）
27	大阪府	大阪（おおさか）
28	兵庫県	神戸（こうべ）
29	奈良県	奈良（なら）
30	和歌山県	和歌山（わかやま）

中国地方

番号	県	県庁所在地
31	鳥取県	鳥取（とっとり）
32	島根県	松江（まつえ）
33	岡山県	岡山（おかやま）
34	広島県	広島（ひろしま）
35	山口県	山口（やまぐち）

四国地方

番号	県	県庁所在地
36	徳島県	徳島（とくしま）
37	香川県	高松（たかまつ）
38	愛媛県	松山（まつやま）
39	高知県	高知（こうち）

九州地方

番号	県	県庁所在地
40	福岡県	福岡（ふくおか）
41	佐賀県	佐賀（さが）
42	長崎県	長崎（ながさき）
43	熊本県	熊本（くまもと）
44	大分県	大分（おおいた）
45	宮崎県	宮崎（みやざき）
46	鹿児島県	鹿児島（かごしま）
47	沖縄県	那覇（なは）

国語

ようせいをつかまえよう！

いたずら好きなようせいが、にげだしてしまったよ。同じ画数の漢字を三つずつ線でつないで、三角形を作って、ようせいをつかまえよう。つかまえられなかった、ようせいは、どれだけいるかな。

朝　漢　源

詞　絹　好　散

机

慣　血　基

管　寄

関　強

つかまえられなかったようせいの数

答えは別冊 4ページ

DAY 3

部首

取り組んだ日　月　日

漢字には、右と左、上と下など、二つの部分に分けられるものがあるよ。

漢字を分類するときの基準となる部分を部首というよ。多くの場合、その漢字の意味を表す部分でもあるんだ。

今日のテーマ

漢字の組み立てに注目しよう

ポイント

漢字の組み立て

漢字の組み立ては、大きく分けて次の七つです。

① 〈へん〉 亻 にんべん、など。

② 〈つくり〉 刂 りっとう、など。

③ 〈かんむり〉 宀 うかんむり、など。

④ 〈あし〉 灬 れんが・れっかなど。

⑤ 〈にょう〉 辶 しんにょう、など。

⑥ 〈たれ〉 厂 がんだれ、など。

⑦ 〈かまえ〉 囗・門 くにがまえ・もんがまえなど。

ポイントのチェック

1 次の部首をもつ漢字をあとの□から二つずつ選んで書きましょう。

(1) 言（ごんべん）… □ □

(2) 頁（おおがい）… □ □

(3) 艹（くさかんむり）… □ □

(4) 灬（れんが・れっか）… □ □

(5) 疒（やまいだれ）… □ □

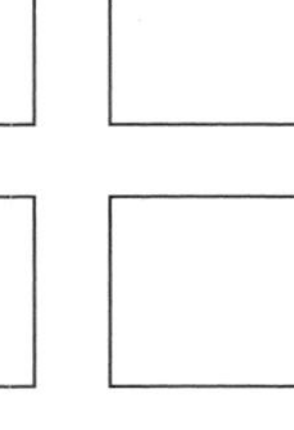

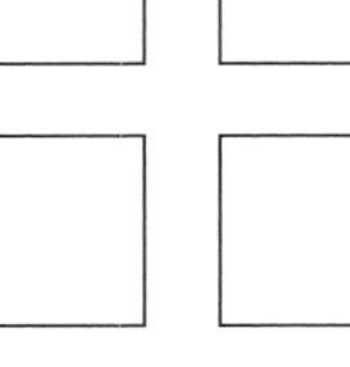
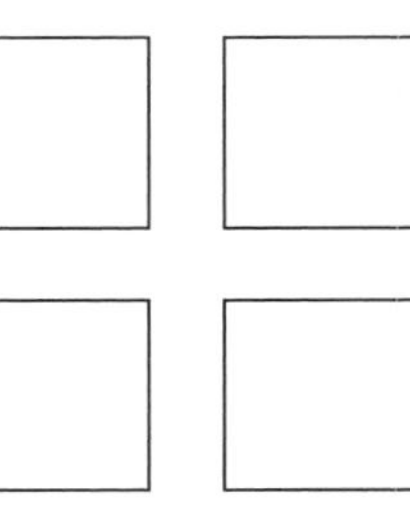

花・熱・病・顔・記
照・額・読・菜・痛

ポイントのチェック

2 次の部首をもつ漢字を□に書きましょう。

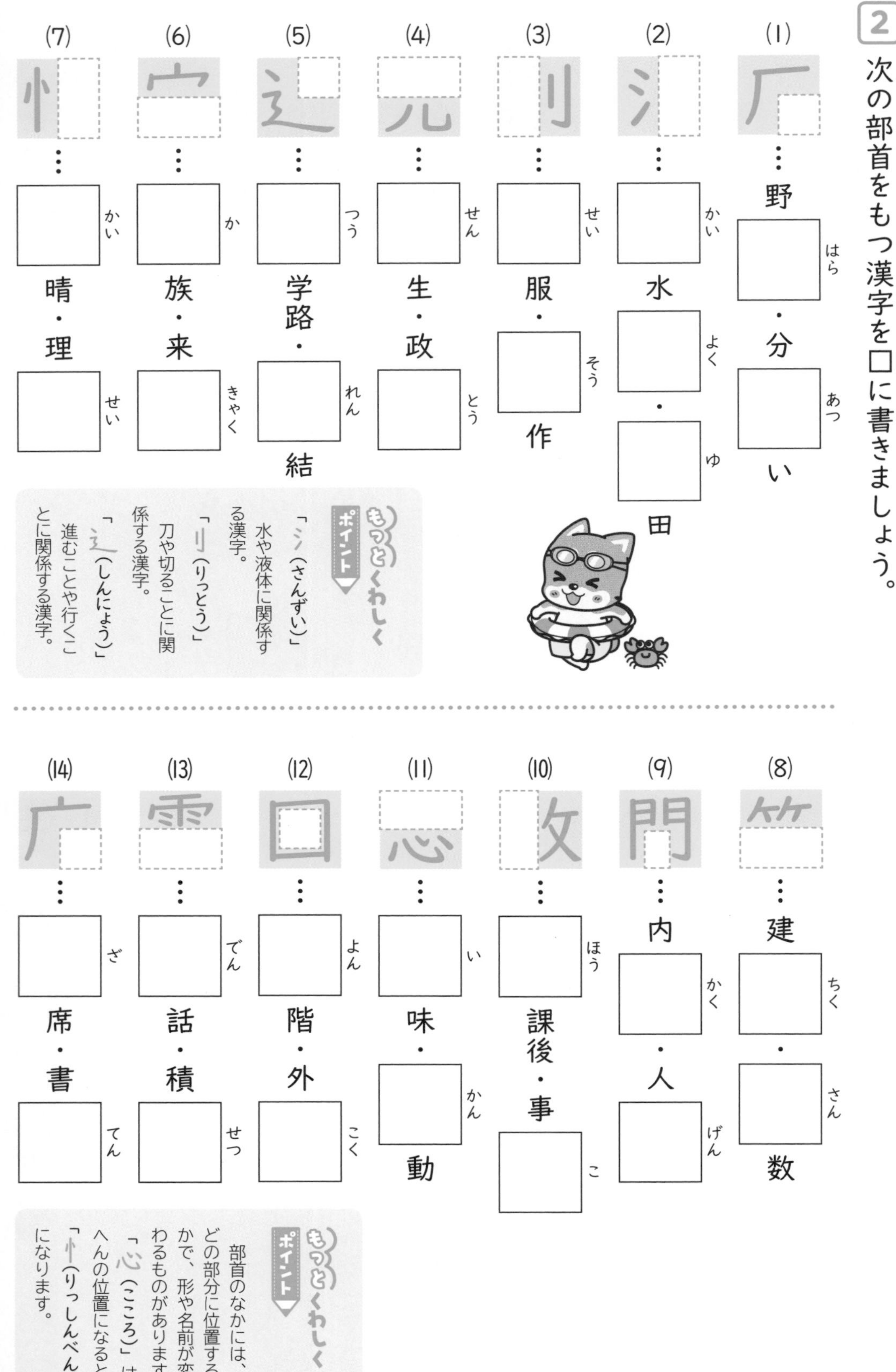

ポイントのチェック

3 ――の漢字の読みがなを書きましょう。

(1) 窓の開閉に苦労する。（　　）

(2) 兄は有名な俳優に似ている。（　　）（　　）

(3) 本物かどうか判別する。（　　）

(4) ゆっくり呼吸する。（　　）

(5) 階段のすみに殺虫剤(ざい)があった。（　　）（　　）

(6) 高い評価に感謝する。（　　）（　　）

(7) ビルの建設には延べ三百日かかった。（　　）（　　）

もっとくわしく ポイント

(5)段・殺の部首は、「殳(るまた)」。

(6)評・謝の部首は、「言(ごんべん)」。

(7)建・延の部首は、「廴(えんにょう)」。

(8) 指揮者を見て演奏する。（　　）

(9) 市街地に美術館がある。（　　）（　　）

(10) 緑の毛糸でセーターを編む。（　　）（　　）

(11) おばは、県の郡部に住んでいる。（　　）

(12) 筆箱をかばんにしまう。（　　）

(13) 速達で手紙を送る。（　　）（　　）

(14) 清潔なタオルで手をふく。（　　）

もっとくわしく ポイント

(11)郡・部の部首は、「阝(おおざと)」。阝は、三画ではなく、二画で書きます。

(13)速・達・送の部首の「辶(しんにょう)」は、二画ではなく、三画で書きます。

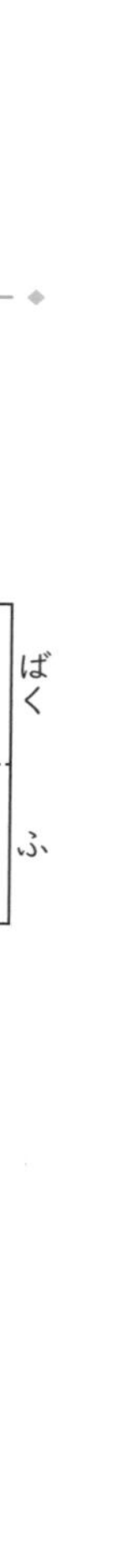

1 □にあてはまる言葉を漢字で書きましょう。

(1) 信用を□□（かいふく）するのは難しい。

(2) 客を□□（いま）に案内する。

(3) カブトムシの□□（しゅるい）を調べる。

(4) □□（えんげい）用品売り場で植木ばちを買う。

(5) 文集を□□（いんさつ）して卒業生に配る。

(6) 将来の夢は、□□（うちゅう）飛行士だ。

(7) 鏡に光を当てて□□（はんしゃ）させる。

(8) 江戸（えど）□□（ばくふ）に関する本を読む。

(9) お年玉は□□（ちょきん）している。

(10) 胸に□□（なふだ）をつける。

(11) 八月の□（なか）ばごろ、旅行する予定だ。

(12) 図かんで□□（ゆみや）を調べる。

(13) 犬と□□（そうげん）をかけ回る。

(14) □□（けっせき）した友達の家を訪ねる。

トライ

2 ――の漢字の読みがなを書きましょう。

(1) 銅線（　　）を使って実験をする。

(2) 能は日本固有（　　）のものだ。

(3) 姉は合唱（　　）部の部長だ。

(4) 昔、米は配給（　　）制だった。

(5) 用紙に氏名（　　）を書きこむ。

(6) 学校の近くに歩道橋（　　）がつくられた。

(7) 書店は駅前（　　）にある。

(8) 寺院（　　）を表す地図記号をかく。

(9) ここは電波（　　）が届かない。

(10) 兄弟（　　）でおそろいの服を着る。

(11) 市民マラソンで首位（　　）を目指す。

(12) 朝、雨戸（　　）を開けるのは私の役目だ。

(13) 妹は絵画（　　）教室に通っている。

(14) 愛犬（　　）を連れて散歩する。

DAY 3

トライ

3 □にあてはまる言葉をかんじで書きましょう。

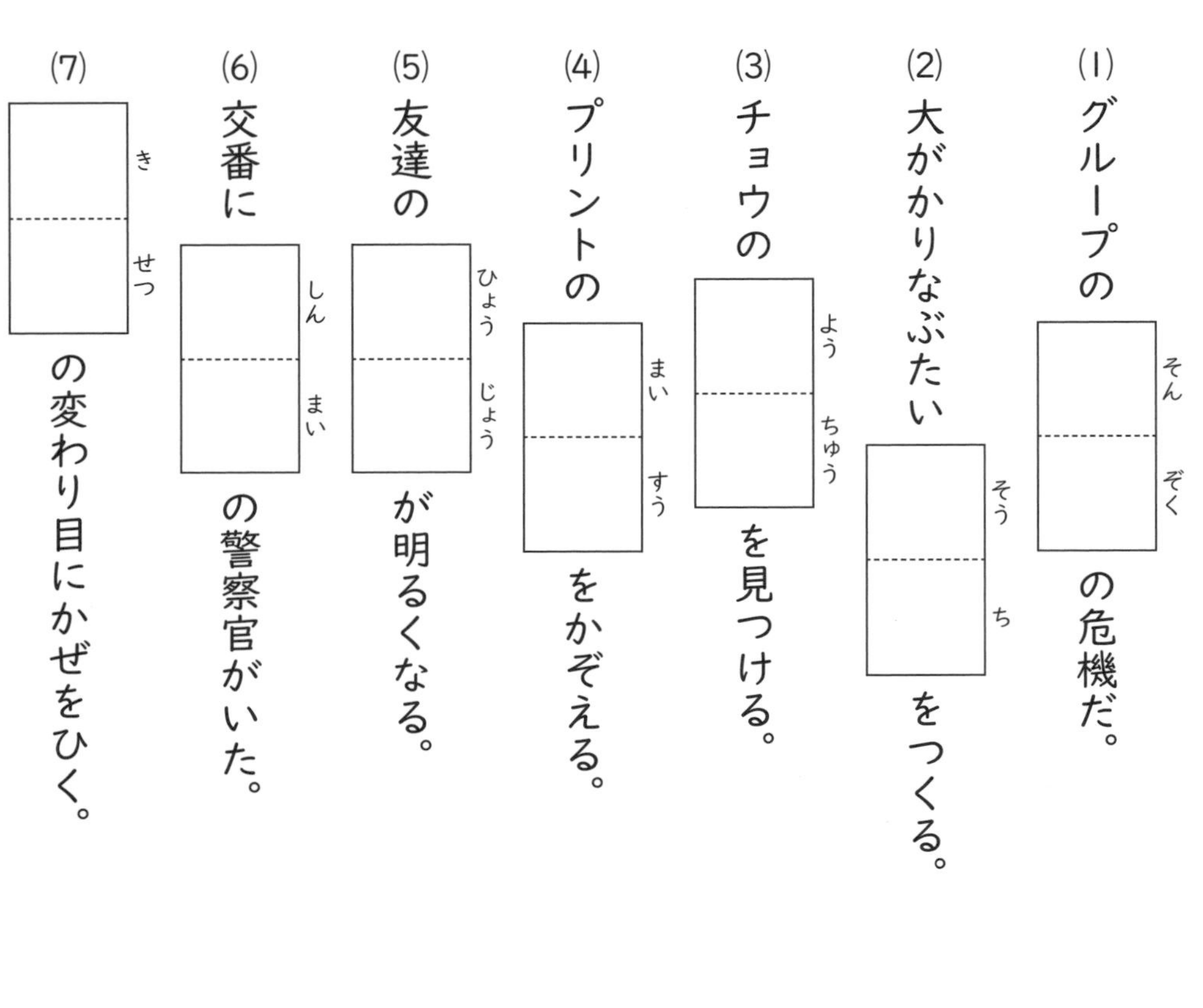

(1) グループの［そんぞく］の危機だ。

(2) 大がかりなぶたい［そうち］をつくる。

(3) チョウの［ようちゅう］を見つける。

(4) プリントの［まいすう］をかぞえる。

(5) 友達の［ひょうじょう］が明るくなる。

(6) 交番に［しんまい］の警察官がいた。

(7) ［きせつ］の変わり目にかぜをひく。

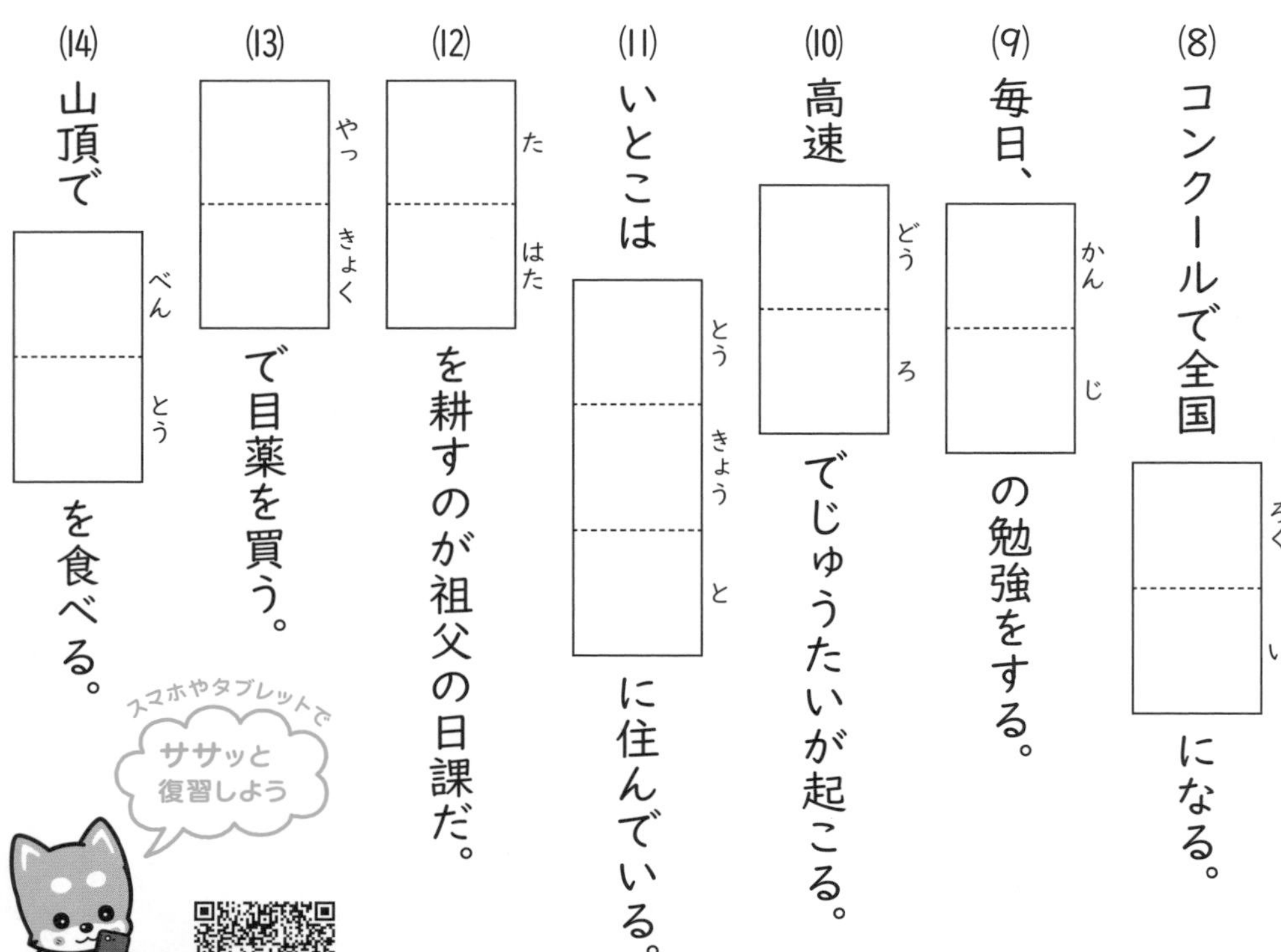

(8) コンクールで全国［ろくい］になる。

(9) 毎日、［かんじ］の勉強をする。

(10) 高速［どうろ］でじゅうたいが起こる。

(11) いとこは［とうきょうと］に住んでいる。

(12) ［たはた］を耕すのが祖父の日課だ。

(13) ［やっきょく］で目薬を買う。

(14) 山頂で［べんとう］を食べる。

スマホやタブレットで ササッと復習しよう

答えは別冊 4ページ

ここもしっかり！

コラム3 漢字の成り立ち

漢字は、三千年以上前に、中国で作られたものだよ。中国の言葉を表すために作られたものだけれど、日本にも伝えられて、みんなが知っているとおり、日本語の文字としても使われているんだ。漢字がどのように作られたか、「成り立ち」について見てみよう。

次の文字は、何の漢字の昔の形でしょうか。

答えは、「馬」です。

漢字は、最初、ものの形を絵で表していました。絵がだんだん変化して、今の漢字の形になりました。このようにできた漢字を象形（しょうけい）文字といいます。

すべての漢字が、このように絵からできたわけではありません。漢字の成り立ちには、大きく分けて四つあります。

❶ 象形文字

ものの形を、線でえがいたもの。

→ 馬

例 「火」「日」「目」「魚」「山」「手」など。

❷ 指事（しじ）文字

形で表しにくい事がらを記号などで表したもの。

→ 上

例 「下」「一」「二」「三」「本」など。

❸ 会意（かいい）文字

漢字どうしの意味を合わせたもの。

山＋石 → 岩

例 「鳴」「林」など。

❹ 形声（けいせい）文字

音を表す漢字と意味を表す漢字を組み合わせたもの。

銅

↑ 意味を表す　↑ 音を表す

例 「草」「校」「洗」「紅」「航」「特」など。

欠けた部分を探して

カンジタウンのパーティ会場で、お皿の上にのっているのは、ある一部分が欠けた漢字だよ。

テーブルごとに同じ部分が欠けた仲間の漢字が集まっているんだ。

①〜③のテーブルで、それぞれ欠けているのは、どんな部分かな。

①

黄　艮　兼　喬　戒

②

豕　畐　各　佰　于

③

采　丰　比　殳　召

答え　欠けている部分

テーブル①　□　テーブル②　□　テーブル③　□

答えは別冊 5ページ

DAY 4

同音異字・同音異義語

取り組んだ日　月　日

言葉には、ひらがなで書くと同じになるものがあるよ。同じ読み方でも、意味はちがうんだ。同じ音読みをもつ漢字のことを、同音異字というよ。また、同じ音読みで意味のちがう熟語を同音異義語というんだ。

今日のテーマ

音読みが同じ言葉を正しく使い分けよう

ポイント① 同音異字

同じ音読みをもつ漢字

例　オウ　王・央・応・往

王様（おうさま）・中央（ちゅうおう）・応用（おうよう）・往復（おうふく）

ポイント② 同音異義語

同じ音読みで意味のちがう熟語

例　公園（こうえん）・講演（こうえん）

ポイントのチェック

1 □と読む漢字を書きましょう。

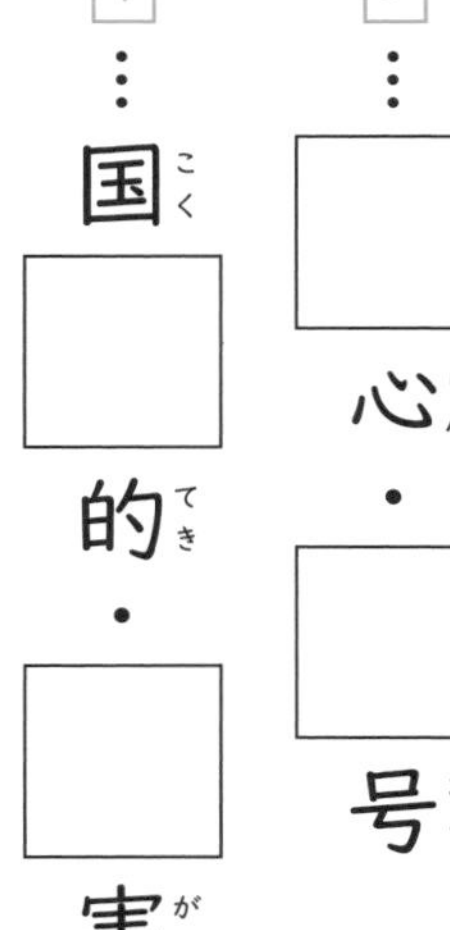

(1) アン … □心（しん）・□号（ごう）

(2) サイ … 国（こく）□的（てき）・□害（がい）

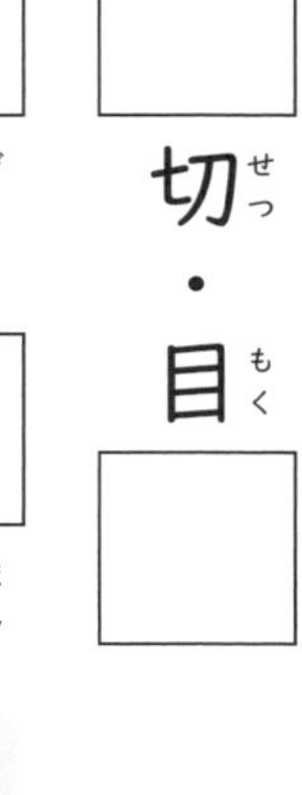

(3) テキ … □切（せつ）・目（もく）□

(4) キ … □族（ぞく）・□本（ほん）

(5) ケン … □利（り）・□悪（あく）

(6) ハン … □罪（ざい）・□画（が）

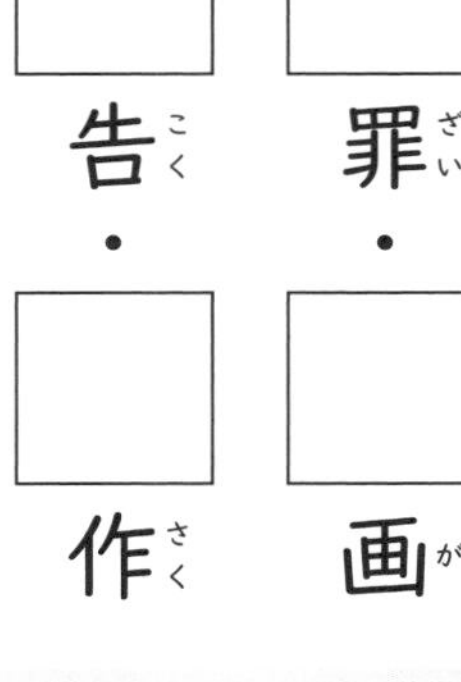

(7) ホウ … □告（こく）・□作（さく）

もっとくわしく ポイント①

作・昨

作・昨は、どちらも音読みが同じ「サク」です。そして、右側に「乍」があり、形もよく似ています。「乍」が音を表し、部首の「亻」や「日」が漢字のおおまかな意味を表しています。

DAY 4

ポイントのチェック

2 □にあてはまる言葉を漢字で書きましょう。

(1) □□（いし）を目指して勉強する。

(2) 姉は□□（いし）が強い。

(3) 早起きの□□（しゅうかん）をつける。

(4) □□（しゅうかん）誌を買う。

(5) □□（こうか）な望遠鏡がある。

(6) 運動場で□□（こうか）をうたう。

(7) 勉強の□□（こうか）が表れた。

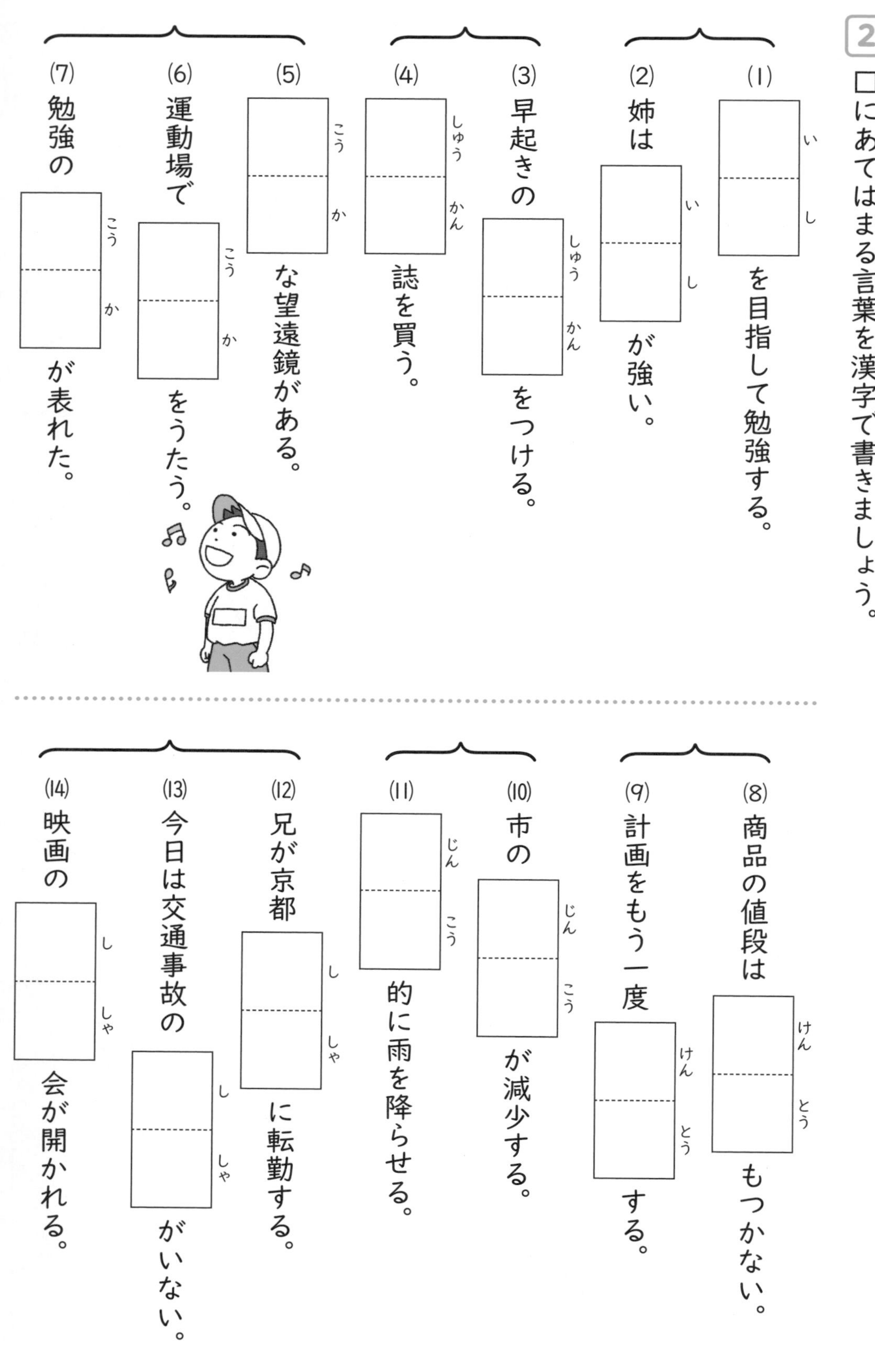

(8) 商品の値段は□□（けんとう）もつかない。

(9) 計画をもう一度□□（けんとう）する。

(10) 市の□□（じんこう）が減少する。

(11) □□（じんこう）的に雨を降らせる。

(12) 兄が京都□□（ししゃ）に転勤する。

(13) 今日は交通事故の□□（ししゃ）がいない。

(14) 映画の□□（ししゃ）会が開かれる。

ポイントのチェック

3 □にあてはまる漢字を書きましょう。

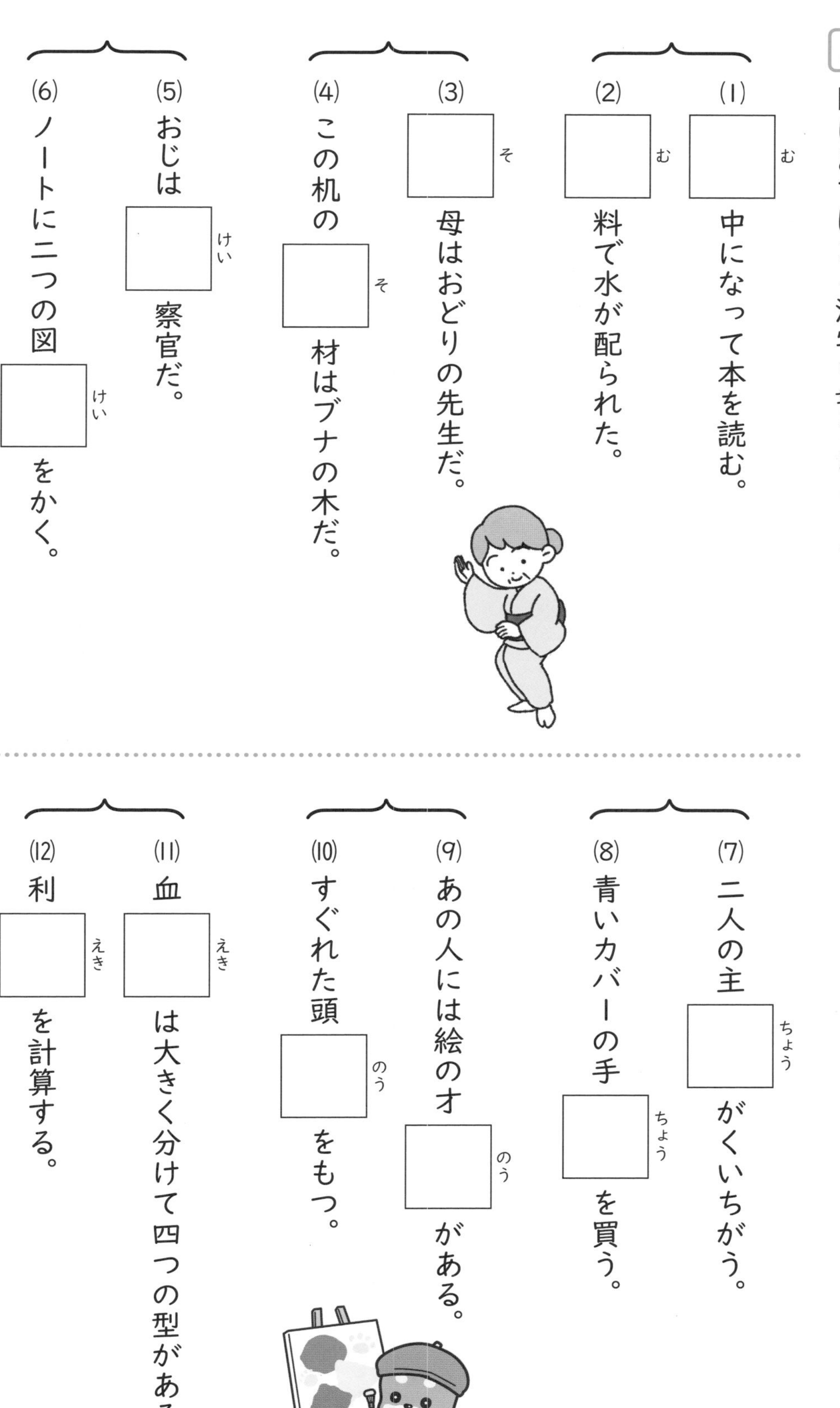

(1) □（む）中になって本を読む。

(2) □（む）料で水が配られた。

(3) □（そ）母はおどりの先生だ。

(4) この机の□（そ）材はブナの木だ。

(5) おじは□（けい）察官だ。

(6) ノートに二つの図□（けい）をかく。

(7) 二人の主□（ちょう）がくいちがう。

(8) 青いカバーの手□（ちょう）を買う。

(9) あの人には絵の才□（のう）がある。

(10) すぐれた頭□（のう）をもつ。

(11) 血□（えき）は大きく分けて四つの型がある。

(12) 利□（えき）を計算する。

1 ――の漢字の読みがなを書きましょう。

(1) 庭にきゅうりのなえを植える。（　　）

(2) 市の沿革について調べる。（　　）

(3) 肺や胃などを臓器という。（　　）

(4) 朝食に卵料理を食べる。（　　）

(5) 祖父と銭湯に行く。（　　）

(6) 犯人の容姿が報道された。（　　）

(7) 古くから養蚕がさかんな地域だ。（　　）

(8) 女王陛下がバルコニーに現れた。（　　）

(9) 駅の近くに高層マンションが建つ。（　　）

(10) 視界をさえぎるものが何もない。（　　）

(11) 止血の方法を習う。（　　）

(12) 船の汽笛が鳴った。（　　）

(13) 不思議な形の像が並ぶ。（　　）

(14) 姉の手料理に舌つづみを打つ。（　　）

トライ

2 ―の漢字の読みがなを書きましょう。

(1) コンクールで金賞にかがやく。（　　）

(2) ごうかな構えの店ができる。（　　）

(3) 近所に桜の並木道がある。（　　）

(4) 庭の花に肥料をあたえる。（　　）

(5) 長い航海を終えて港にもどる。（　　）

(6) リンゴが一つ余る。（　　）

(7) 紀元は基準となる初めの年のことをいう。（　　）

(8) 小麦粉の重さを量る。（　　）

(9) 昼飯にうどんを食べる。（　　）

(10) 学級会で司会をする。（　　）

(11) インゲンマメの発芽の様子を観察する。（　　）

(12) 岸辺にボートがとまっている。（　　）

(13) 塩分をとりすぎないようにする。（　　）

(14) さばくで遊牧を行う民族がいる。（　　）

DAY 4

トライ

3 ――の漢字の読みがなを書きましょう。

(1) 例を挙げて説明する。（　　）

(2) 博物館に所蔵された絵を見る。（　　）

(3) 包丁で野菜を切る。（　　）

(4) おもちゃの兵隊を並べる。（　　）

(5) 午前中は雨が降るそうだ。（　　）

(6) 赤ちゃんについての詩を読む。（　　）

(7) あま酒をふるまう。（　　）

(8) 自転車を降りて坂道を上る。（　　）

(9) ひざに傷を負う。（　　）

(10) コーヒーに牛乳を入れて飲む。（　　）

(11) 広い野原を走り回る。（　　）

(12) 照明が点灯される。（　　）

(13) 森林を守る活動をする。（　　）

(14) 青年が老人に手を貸した。（　　）

答えは別冊 5ページ

ここもしっかり！

コラム4 複合語

二つ以上の言葉が結びついてできた言葉を「複合語」というよ。
例えば、「見る」と「比べる」という言葉が結びつくと、「見比べる」という言葉になるんだ。
複合語には、熟語と熟語を結びつけたものなど、さまざまな種類があるよ。

見る　比べる

「グレープフルーツジュース」、「野菜サラダ」。よく聞くこれらの言葉も、実は複合語です。

「グレープフルーツ」、「ジュース」、「サラダ」は**外来語**で、「野菜」は**漢語**です。また、「見る」「比べる」は、**和語**です。

グレープフルーツ＋ジュース

野菜＋サラダ

見る＋比べる

複合語は、外来語どうしを結びつけたものや、漢語と外来語を結びつけたもの、和語どうしを結びつけたものなど、さまざまな種類があります。複合語になると、発音が変わったり、言葉が省かれたりするものがあるので、注意が必要です。

●複合語になると、音がにごることがある

「目（め）」＋「薬（くすり）」→めぐすり

「麦（むぎ）」＋「畑（はたけ）」→むぎばたけ

●複合語になると、音が変わることがある

「金（かね）」＋「あみ」→かなあみ

「春」＋「雨」→はるさめ

「話す」＋「合う」←話し合う

「立つ」＋「寄る」←立ち寄る

●複合語になると、言葉が省かれることがある

「細い」＋「長い」←細長い

「早い」＋「起きる」←早起き

お宝をゲットするのはだれだ？

宝探しにやってきた、三人組のカイ、コウ、リョウ。漢字の迷路をクリアできれば、お宝をゲットできるよ。

ただし、自分の名前と同じ読みをもつ漢字のところしか通れないんだ。進めるのは、上、下、左、右だけ。ななめには進めないよ。

お宝をゲットしたのは、だれかな。

◀リョウ

◀コウ

◀カイ

↓ スタート ↓

回	口	会	願	可	講	開	漁
貝	交	工	広	光	位	自	量
海		個	昨	向	械		領
解	界	興	異	好	古	鉱	良
改	階			后	行	産	犬
札	合			湖	孝	固	港
冊	航	校	候	皇	幸	子	止
料	高	数	快		三	耕	絵

ゲットしたのは ［　　　　］

答えは別冊 6ページ

DAY 5

同訓異字

取り組んだ日　月　日

同じ訓読みをもつ漢字のことを、同訓異字というよ。同じ訓読みでも、意味や使い方が異なるんだ。同訓異字は、使い分けが難しいこともあるので、それぞれの漢字の意味を考えて正しい使い分けをしよう。

今日のテーマ

訓読みが同じ言葉を正しく使い分けよう

ポイント 同じ訓読みをもつ漢字

例
- はな　花・鼻
- なみ　波・並
- み　実・身

意味によって、使い分けましょう。

例　あつい
- 今年の夏は暑い。
- 湯を入れたコップが熱い。
- 分厚い本を買う。

ポイントのチェック

1 □にあてはまる漢字を書きましょう。

(1) 水□(たま)模様のかさを買う。

(2) テニスの□(たま)を拾う。

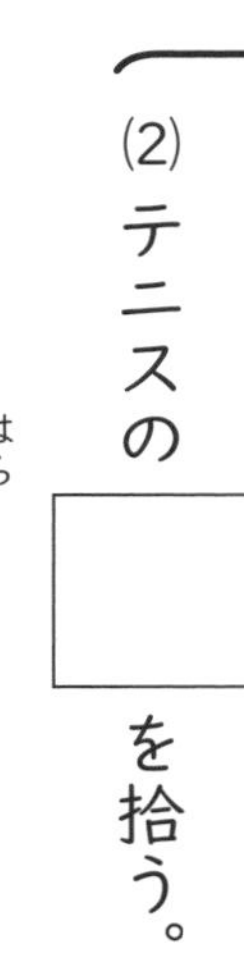

(3) 広い□(はら)っぱを走る。

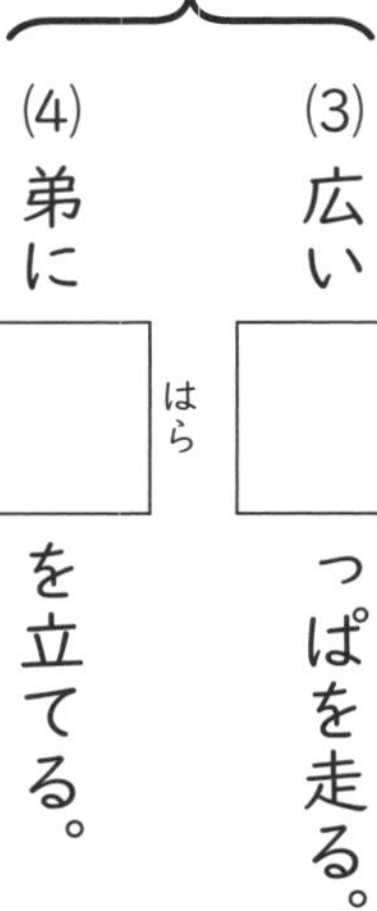

(4) 弟に□(はら)を立てる。

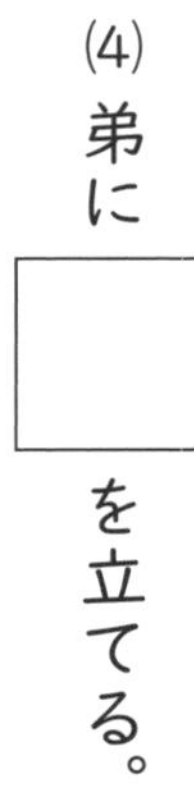

(5) 野菜の□(ね)が上がる。

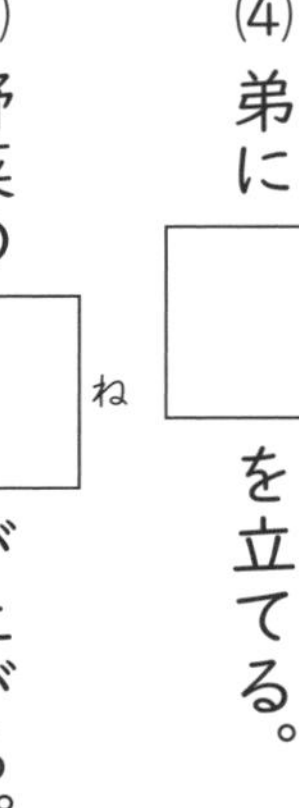

(6) 虫の□(ね)が聞こえる。

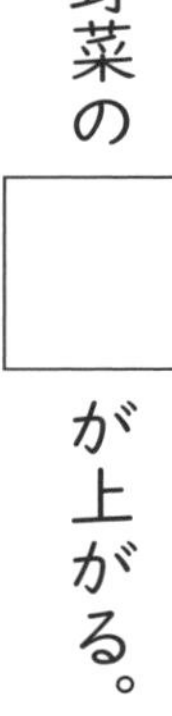

(7) □(ね)も葉もないうわさだ。

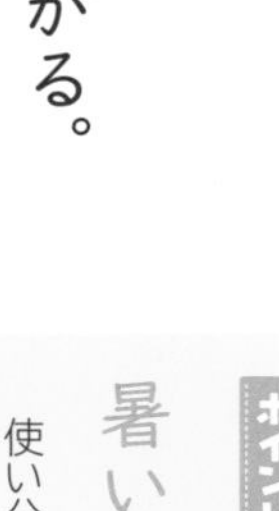

もっとくわしくポイント

暑い・熱い

使い分けがわかりにくいときは、その漢字を使った熟語を考えてみましょう。

- 暑い　暑中みまい
- 熱い　熱湯

ポイントのチェック

2 □にあてはまる言葉を漢字一字と送りがなで書きましょう。

(1) 友達と公園で □（あう）。

(2) クラスみんなの意見が □（あう）。

(3) 雨が降る前に家に □（つく）。

(4) よごれが □（つく）。

(5) 環境（かんきょう）保護に □（つとめる）。

(6) 姉は春から新聞社に □（つとめる）。

(7) 劇で重要な役を □（つとめる）。

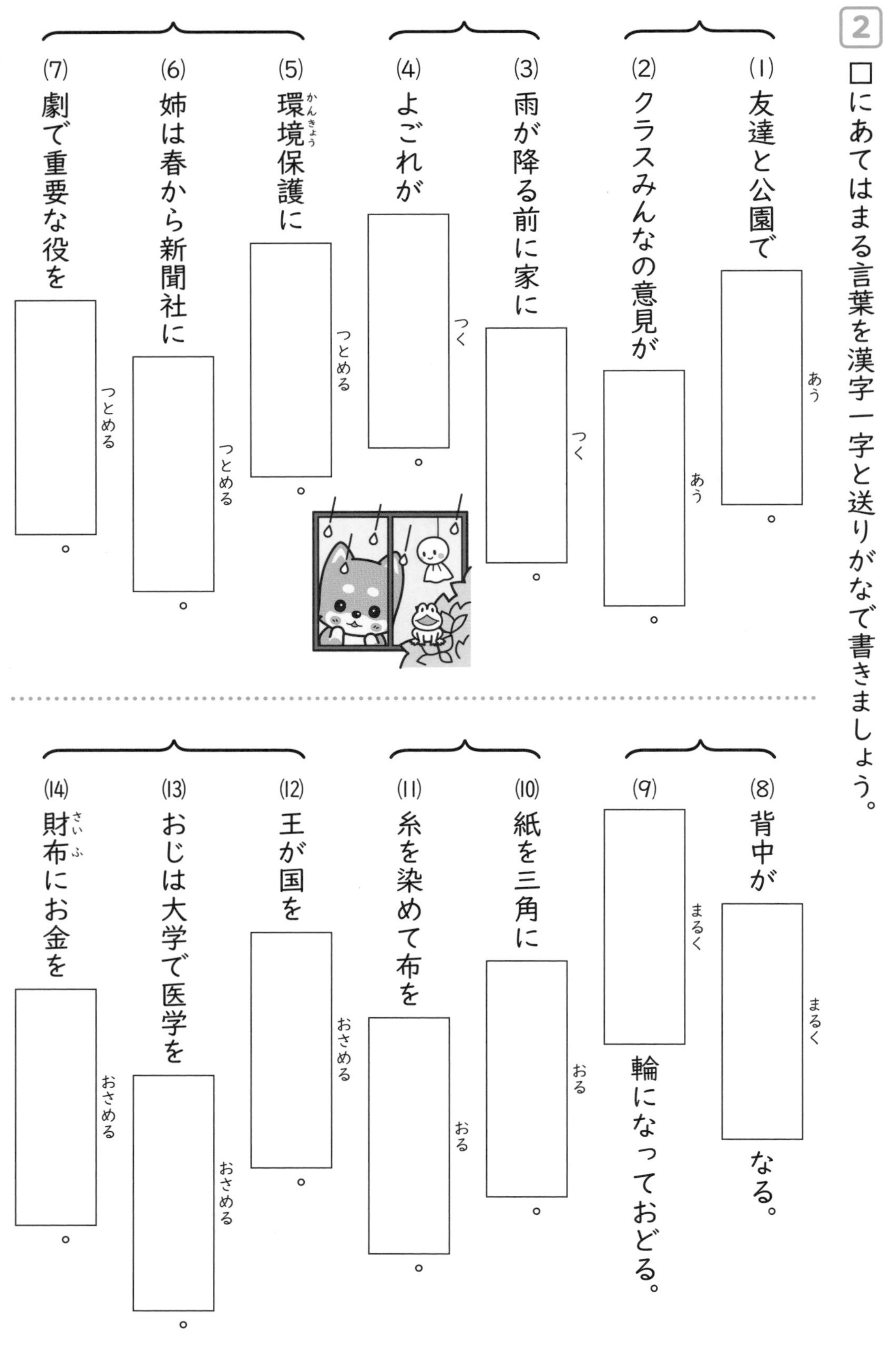

(8) 背中が □（まるく） なる。

(9) □（まるく） 輪になっておどる。

(10) 紙を三角に □（おる）。

(11) 糸を染めて布を □（おる）。

(12) 王が国を □（おさめる）。

(13) おじは大学で医学を □（おさめる）。

(14) 財布（さいふ）にお金を □（おさめる）。

ポイントのチェック

3 □にあてはまる言葉を漢字一字と送りがなで書きましょう。

(1) 部屋に防災セットを［　］(そなえる)。
(2) 墓に花と果物を［　］(そなえる)。
(3) 物語のすばらしさを妹に［　］(とく)。
(4) 問題を［　］(とく)。
(5) 梅雨(つゆ)が［　］(あける)。
(6) 電車で席を［　］(あける)。
(7) 教室の窓を［　］(あける)。

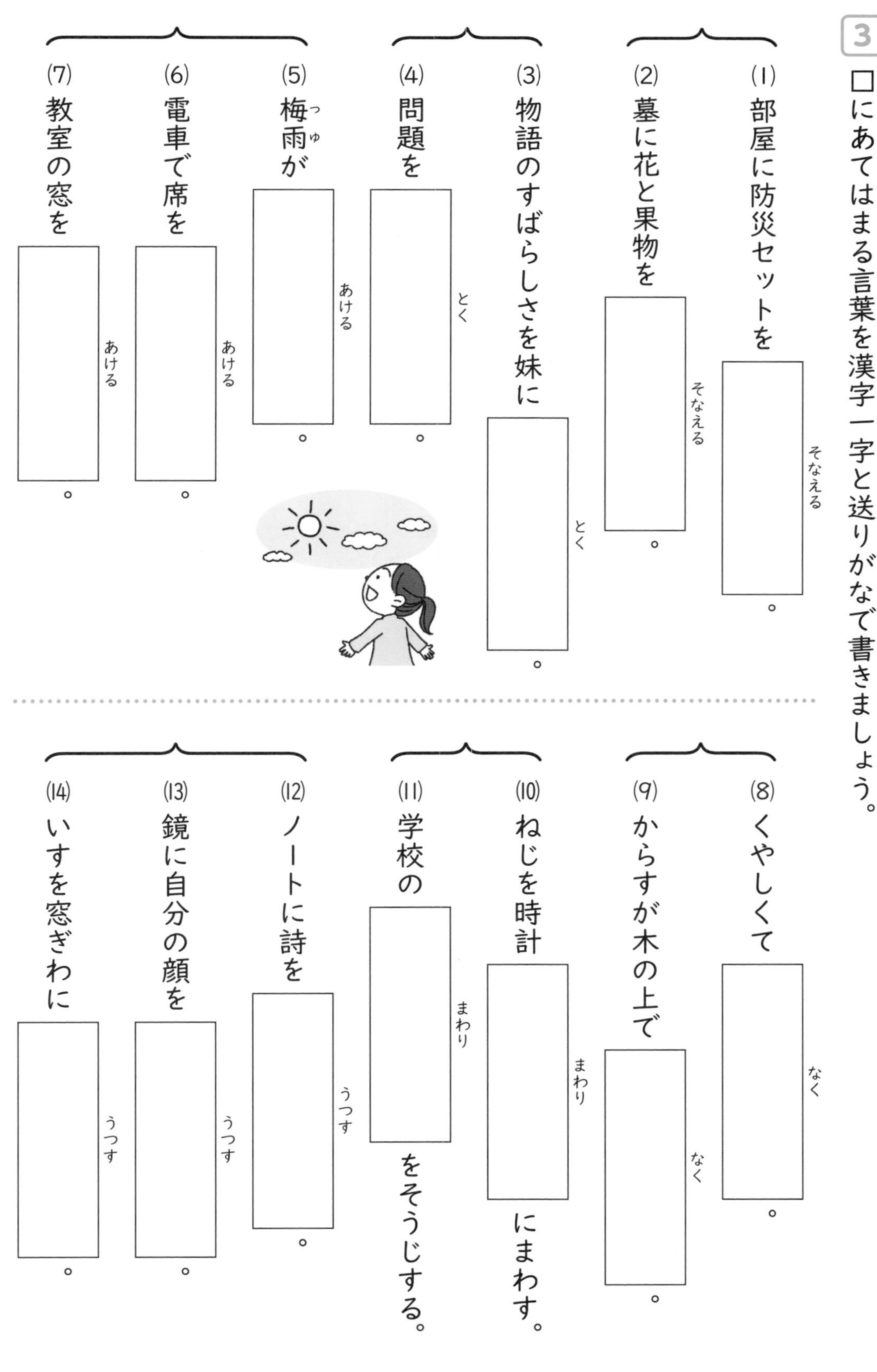

(8) くやしくて［　］(なく)。
(9) からすが木の上で［　］(なく)。
(10) ねじを時計［　］(まわり)にまわす。
(11) 学校の［　］(まわり)をそうじする。
(12) ノートに詩を［　］(うつす)。
(13) 鏡に自分の顔を［　］(うつす)。
(14) いすを窓ぎわに［　］(うつす)。

DAY 5

トライ

1 ——の漢字の読みがなを書きましょう。

(1) 大会は規模を縮小して行われる。（　　）

(2) 車窓から海が見える。（　　）

(3) 機械の操作の方法を教わる。（　　）

(4) 兄は孝行息子(むすこ)といわれる。（　　）

(5) 牛乳は私の元気の源だ。（　　）

(6) 祖母が会長の座を退く。（　　）

(7) 秒針の動く音が聞こえる。（　　）

ヒント
退く　仕事や役目をやめること。後ろに行くこと。

(8) ハムを厚く切る。（　　）

(9) 枝にリボンを結ぶ。（　　）

(10) 決勝戦でライバルに敗れる。（　　）

(11) 白組に票が集まる。（　　）

(12) 夏祭りに参加する。（　　）

(13) かれは音楽の天才だ。（　　）

(14) 友達のために千羽づるを作る。（　　）

トライ

2 ――の漢字の読みがなを書きましょう。

(1) 北海道は父の故郷だ。（　　　）

(2) 流域にてい防がつくられる。（　　　）

(3) 規律を守って行動する。（　　　）

(4) ビルにはたくさんの鉄骨が使われる。（　　　）

(5) 今年は異常に雨が多い。（　　　）

(6) 金属でできた器（うつわ）に料理を盛る。（　　　）

(7) 交通量の調査が行われる。（　　　）

ヒント
流域　川の流れにそった土地。

(8) 功績をたたえて銅像が建つ。（　　　）

(9) 鉱山で栄えた町がある。（　　　）

(10) 念仏をとなえる様子を表した絵。（　　　）

(11) おじは大学に講師として招かれた。（　　　）

(12) 友達からまんがを借りる。（　　　）

(13) つりは、兄と私の共通のしゅみだ。（　　　）

(14) 漢字の音訓に注意して読む。（　　　）

DAY 5

トライ

3 ―の漢字の読みがなを書きましょう。

(1) この機械の仕組みは単純(　　　)だ。

(2) テレビの裏側(　　　)もそうじする。

(3) スカートの寸法(　　　)を測る。

(4) 担任(　　　)の先生に年賀状を出す。

(5) 食堂(　　　)に全員が集まる。

(6) 金色の帯(　　　)をしめる。

(7) ほめられるとは光栄(　　　)だ。

(8) 空の様子(　　　)が変わった。

(9) 地下には太陽(　　　)の光が届かない。

(10) 美化委員は山田君(　　　)だ。

(11) 公園の中央(　　　)にふん水がある。

(12) 画家としての名声(　　　)が上がる。

(13) 教育番組(　　　)を録画する。

(14) 金魚(　　　)をはちに入れて飼う。

答えは別冊 7ページ

ここも しっかり！

コラム5 ことわざ・慣用句①

ことわざは、短い言葉で、よりよく生きていくためのちえを表したものだよ。
慣用句は、二つ以上の言葉が組み合わさって、特別な意味を表すようになった「きまり文句」だよ。人の体や動物、植物に関係した言葉をふくむものがたくさんあるんだ。

ことわざ

船頭（せんどう）多くして、船、山に登る

意味 複数のリーダーの指示がばらばらで、誤った方向に進んでしまうなど、うまくいかないことのたとえ。

弘法（こうぼう）も筆の誤り

意味 書道の達人であった弘法大師（こうぼうだいし）でも、書き誤ることがあるように、名人でも失敗するというたとえ。

口はわざわいのもと

意味 不注意に話したことで、不幸な出来事があることのたとえ。

仏の顔も三度

意味 やさしい人でも、何度もひどいことをされると、おこるということのたとえ。

けがの功名（こうみょう）

意味 失敗したことが、たまたま、よい結果になることのたとえ。

慣用句

歯に衣（きぬ）を着せない

意味 相手の立場などを気にせず、遠りょすることなく、発言する。

とりつく島もない

意味 相手が、きげんが悪いことが明らかにわかるような態度で、話しかけることもできない。

水に流す

意味 過去にあった、もめごとなどを、なかったことにする。

国語 パズル&クイズ 5

怪盗Xを探せ！

お宝をぬすんだ怪盗(かいとう)Xが、広場にまぎれこんだよ。
この広場の人は、みんな、送りがなをつけると二つのちがう読み方になる漢字のTシャツを着ているよ。
送りがなをつけても、二つの読み方にならない漢字のTシャツを着ているのが、怪盗Xだ！
怪盗XのTシャツの漢字は何かな。

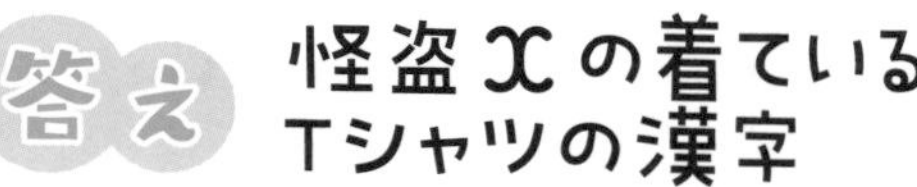

答え 怪盗Xの着ている Tシャツの漢字 ＿＿

答えは別冊 8ページ

DAY 6

三字の熟語・四字の熟語

取り組んだ日　月　日

漢字を二字以上組み合わせて、ある意味をもつ言葉を熟語というよ。
熟語の漢字の組み合わせは、二字だけとは限らないんだ。三字や四字の熟語もあるよ。

今日のテーマ

三字と四字の熟語を使いこなそう

ポイント① 三字の熟語

二字の熟語の上や下に一字を加えたもの

例 高学年・非公開・救急車・安全性

一字ずつの三つの言葉でできたもの

例 大中小

ポイント② 四字の熟語（四字熟語）

二つの二字の熟語でできたもの

例 賞味期限・日進月歩・温故知新

一字ずつの四つの言葉でできたもの

例 都道府県・花鳥風月

ポイントのチェック

1 □にあてはまる漢字を書き、三字や四字の熟語を作りましょう。

(1) □（ぎん）世界が広がる。

(2) □（み）解決の事件がある。

(3) 建設□（てき）な意見を言う。

(4) □（しょう）竹□（ばい）をかざる。

(5) 東（とう）□（ざい）南（なん）□（ぼく）を確かめる。

(6) □□（よろん）調査の結果。

(7) 父は大器□□（ばんせい）の人だ。

もっとくわしく ポイント②

四字熟語

「温故知新」のように、ことわざや慣用句のような意味をもつ言葉もあります。「温故知新」は、昔の中国の本の『論語』にある言葉で、「昔のことを調べるなどして、新しい考え方を得ること」という意味をもっています。

ポイントのチェック

2 □にあてはまる言葉を漢字で書きましょう。

(1) □□□（たん じ かん）で宿題をすませる。

(2) 優勝する□□□（か のう せい）がある。

(3) バスの□□□（てい き けん）を買う。

(4) ウサギの□□□（し いく がかり）になる。

(5) 国の□□□（ぶん か ざい）に指定された寺。

(6) 兄はまんがに□□□（む かん しん）だ。

(7) □□□（だい ひょう てき）な作品が展示される。

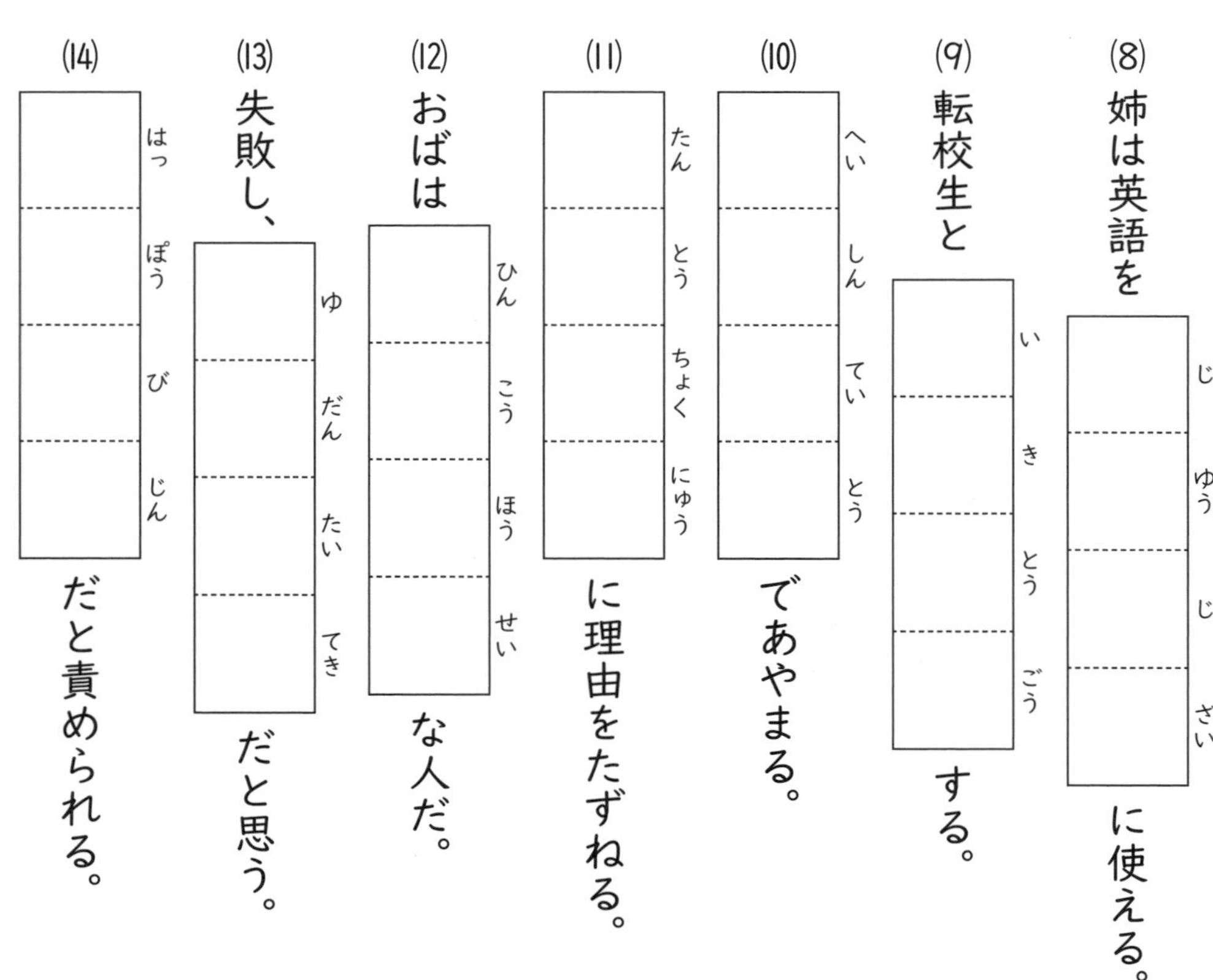

(8) 姉は英語を□□□□（じ ゆう じ ざい）に使える。

(9) 転校生と□□□□（い き とう ごう）する。

(10) □□□□（へい しん てい とう）であやまる。

(11) □□□□（たん とう ちょく にゅう）に理由をたずねる。

(12) おばは□□□□（ひん こう ほう せい）な人だ。

(13) 失敗し、□□□□（ゆ だん たい てき）だと思う。

(14) □□□□（はっ ぽう び じん）だと責められる。

ポイントのチェック

3 ―の漢字の読みがなを書きましょう。

(1) ここは綿織物の産地だ。（　　）

(2) 衣食住にこだわりをもつ。（　　）

(3) 好意的な意見が多い。（　　）

(4) 工場で機械化が進む。（　　）

(5) 祖父は資産家だったらしい。（　　）

(6) 不公平だと先生にうったえる。（　　）

(7) 作家の未完成の小説が発表された。（　　）

もっとくわしく ポイント❶

三字の熟語

二字の熟語の上に一字を加えたものには、不公平や未完成のように、「不・無・未・非」が上にくるものが多くあります。

二字の熟語の下に一字を加えたものには、好意的や機械化のように、「化・的・性」が下にくるものが多くあります。

(8) 質疑応答の時間が始まる。（　　）

(9) 約束をやぶるとは言語道断だ。（　　）

(10) 起承転結に気をつけて文章を書く。（　　）

(11) 公明正大な態度で人に接する。（　　）

(12) 武道は弱肉強食の世界だ。（　　）

(13) 晴耕雨読の生活を楽しむ。（　　）

(14) 新学期から心機一転でがんばろう。（　　）

ポイントのチェック

4 次の意味をもつ四字熟語を、［　］から選んで書きましょう。

(1) 言わなくても、考えていることが通じること。

(2) 自分だけに都合がよいように行動すること。

(3) 人のアドバイスや意見を、聞き流すこと。

(4) よいことをすればよい結果に、悪いことをすれば悪い結果になること。

我田引水（がでんいんすい）　以心伝心（いしんでんしん）
因果応報（いんがおうほう）　馬耳東風（ばじとうふう）

5 次の四字熟語は、□に同じ漢字が入ります。□にあてはまる漢字を［　］から選んで書きましょう。

(1) □朝□夕（いっちょういっせき）

(2) □給□足（じきゅうじそく）

(3) □利□欲（しりしよく）

(4) □老□死（ふろうふし）

(5) □材□所（てきざいてきしょ）

(6) 右□左□（うおうさおう）

(7) □人□色（じゅうにんといろ）

往　一　不　適　十　私　自

トライ

1 □にあてはまる言葉を漢字で書きましょう。

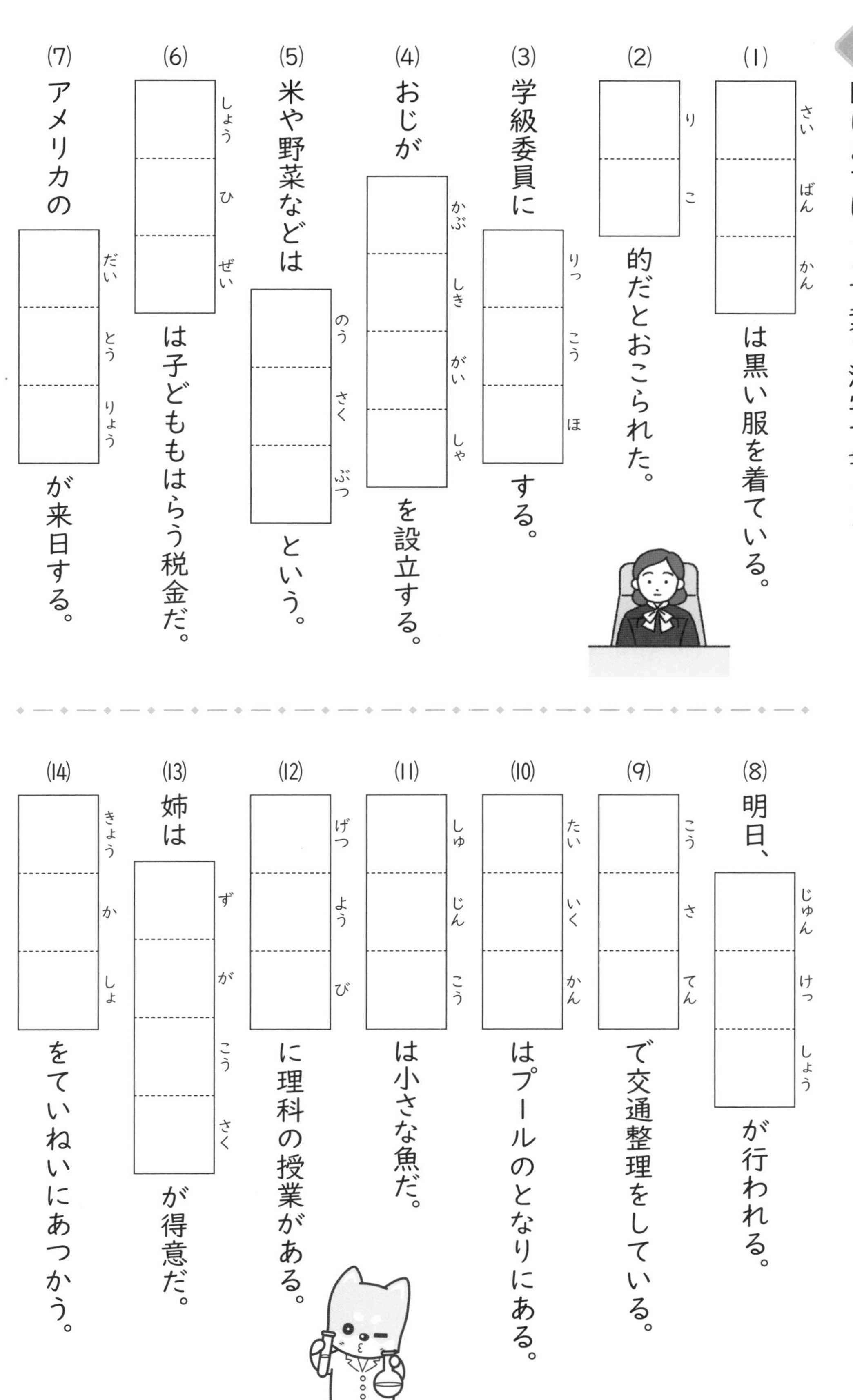

(1) □□□（さいばんかん）は黒い服を着ている。

(2) □□（りこ）的だとおこられた。

(3) 学級委員に□□□（りっこうほ）する。

(4) おじが□□□□（かぶしきがいしゃ）を設立する。

(5) 米や野菜などは□□□（のうさくぶつ）という。

(6) □□□（しょうひぜい）は子どももはらう税金だ。

(7) アメリカの□□□（だいとうりょう）が来日する。

(8) 明日、□□□（じゅんけっしょう）が行われる。

(9) □□□（こうさてん）で交通整理をしている。

(10) □□□（たいいくかん）はプールのとなりにある。

(11) □□□（しゅじんこう）は小さな魚だ。

(12) □□□（げつようび）に理科の授業がある。

(13) 姉は□□□□（ずがこうさく）が得意だ。

(14) □□□（きょうかしょ）をていねいにあつかう。

DAY 6

トライ

2 ――の漢字の読みがなを書きましょう。

(1) 肺活量（　　）は息を吸ってはいたときの空気の量だ。

(2) 模造紙（　　）を使ってポスターを作る。

(3) 銀河系（　　）は円ばんのような形だ。

(4) 日本には春夏秋冬（　　）がある。

(5) 持っているおもちゃの一覧表（　　）を作る。

(6) 応募（おうぼ）するには諸条件（　　）がある。

(7) ボランティアとして精力（　　）的に活動する。

(8) 弟は典型（　　）的な努力家だ。

(9) 人工衛星（　　）は災害対策にも使われる。

(10) 新しい副大臣（　　）が会見する。

(11) 東京駅から新幹線（　　）に乗る。

(12) 上級生（　　）の教室は校舎の三階にある。

(13) 郵便局（　　）で切手を買う。

(14) 大学では考古学（　　）を学びたい。

スマホやタブレットで ササッと復習しよう！

答えは別冊 8ページ

コラム6

ことわざ・慣用句②

ことわざ

雨降って地固まる

意味　難しい事がらやもめごとがあった後、かえってものごとがよい方向に進むことのたとえ。

灯台もと暗し

意味　身近な事がらのほうが、気がつかなかったり、わからなかったりすることのたとえ。

光陰矢のごとし

意味　月日がまるで光の矢のような速さで過ぎていくことのたとえ。

虎穴に入らずんば、虎子を得ず

意味　何かほしいものがあるときは、危ないことでもやらなくてはならない、ということのたとえ。

慣用句

犬猿の仲

意味　犬と猿は、あいしょうが悪いといわれていることから、仲が非常に悪いことを意味する言葉。

元も子もない

意味　失敗するなどして、今までの苦労がすべてむだになってしまうこと。

立て板に水

意味　つまったり、迷ったりすることなく、すらすらと上手に話す様子のこと。

後の祭り

意味　祭りが終わった後は、祭りで使うものが何の役にも立たなくなってしまうように、よいことでもタイミングをのがすと意味がなくなってしまうこと。

火花をちらす

意味　激しくきそい合う様子。戦いで、刀と刀がぶつかって火花がちる様子から生まれた言葉。

国語

お宝があるのは、どこ？

怪盗x(かいとう)がぬすんだお宝を返すと言ってきたよ。お宝は、ある場所に保管しているんだって。その場所は、xからの問題を解かないとわからないんだ。

①〜⑤のたし算をして、できた漢字を組み合わせると、お宝の場所がわかるよ。

宝を返してほしければ、
次の問題を解いてみたまえ。

① 一 ＋ 力 ＋ 一 ＝ □

② 阝 ＋ 比 ＋ 白 ＝ □

③ 言 ＋ 冂 ＋ 吉 ＝ □

④ 王 ＋ 日 ＋ 土 ＝ □

⑤ 宀 ＋ 云 ＋ 土 ＝ □

お宝がある場所 □

DAY 7

熟語の構成

取り組んだ日　月　日

熟語の組み立て（構成）には、いくつかのパターンがあるよ。
漢字には、一字ずつに意味があるから、熟語の組み立てを考えると、知らない言葉でも、おおよその意味をつかむことができるんだ。

今日のテーマ

熟語の組み立てを知ろう

ポイント　熟語の組み立てのパターン

㋐同じような意味をもつ漢字の組み合わせ
例　絵画・岩石・困難

㋑反対の意味をもつ漢字の組み合わせ
例　上下・紅白・高低

㋒上の字が下の字を修飾（しゅうしょく）している組み合わせ
例　国境・幼虫・古傷
（国の境）（幼い虫）（古い傷）

㋓下の字が「～を」「～に」の意味をもつ組み合わせ
例　洗車・防火・着席
（車を洗う）（火を防ぐ）（席に着く）

ポイントのチェック

1 次の熟語は、ア～エのどれにあたりますか。記号で書きましょう。

(1) 観劇（　　）
(2) 映写（　　）
(3) 開閉（　　）
(4) 翌週（　　）
(5) 干満（　　）
(6) 牛乳（　　）
(7) 永久（　　）
(8) 帰宅（　　）

ア　同じような意味をもつ漢字の組み合わせ
イ　反対の意味をもつ漢字の組み合わせ
ウ　上の字が下の字を修飾している組み合わせ
エ　下の字が「～を」「～に」の意味をもつ組み合わせ

ポイントのチェック

2 次の熟語と同じ組み立ての熟語をそれぞれ　から選び、□に記号で書きましょう。
また、選んだ熟語の読みがなも書きましょう。

(1) 取捨　記号□（　　）
ア 寒暖　イ 均等　ウ 永住　エ 休職

(2) 温暖　記号□（　　）
ア 急増　イ 救助　ウ 正誤　エ 採光

(3) 胃液　記号□（　　）
ア 樹木　イ 敬老　ウ 公私　エ 恩人

(4) 禁漁　記号□（　　）
ア 除去　イ 検温　ウ 灰色　エ 加減

(5) 勤務　記号□（　　）
ア 集散　イ 収納　ウ 温泉　エ 護身

(6) 胸囲　記号□（　　）
ア 苦楽　イ 軽傷　ウ 挙手　エ 価値

(7) 困苦　記号□（　　）
ア 売買　イ 開会　ウ 善良　エ 敬意

(8) 難易　記号□（　　）
ア 絹糸　イ 除草　ウ 発着　エ 衣服

トライ

1 □にあてはまる言葉を漢字で書きましょう。

(1) 祖父のいる□（むら）を訪ねる。

(2) あと一日で夏休みが□（お）わる。

(3) 五月三日は□□（けんぽう）記念日だ。

(4) □□（ゆうぐ）れまでに家に帰ろう。

(5) 図書館で□□（すいり）小説を借りる。

(6) 富士山（ふじさん）は世界□□（いさん）だ。

(7) □□（とうじ）の日にかぼちゃを食べる。

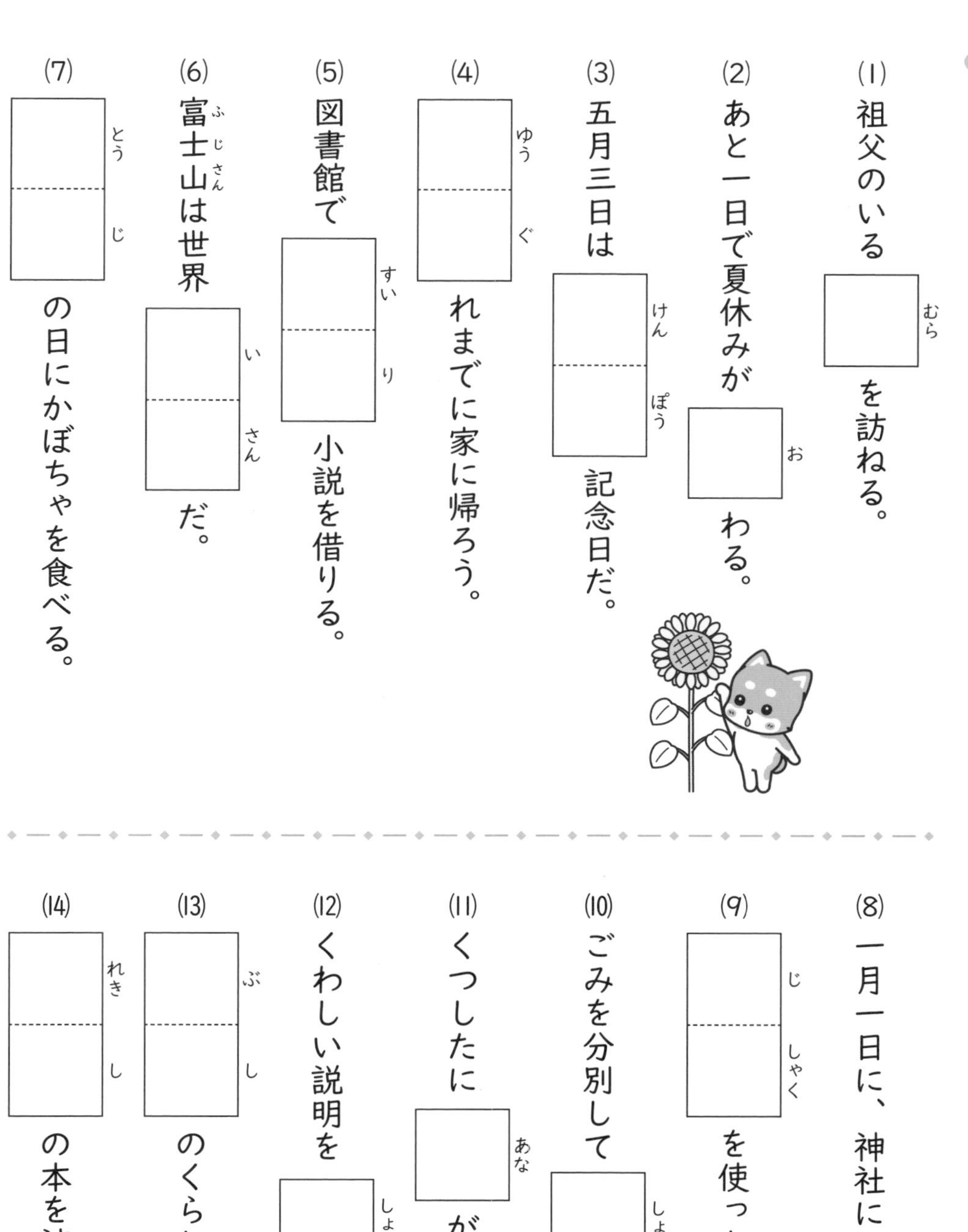

(8) 一月一日に、神社に□□（さんぱい）した。

(9) □□（じしゃく）を使った実験をする。

(10) ごみを分別して□□（しょり）する。

(11) くつしたに□（あな）があく。

(12) くわしい説明を□□（しょうりゃく）する。

(13) □□（ぶし）のくらしを調べる。

(14) □□（れきし）の本を読むのが好きだ。

トライ

2 ——の漢字の読みがなを書きましょう。

(1) 米の品種**改良**が進む。（　　　）

(2) 輸出額を**五兆円**にする目標がある。（　　　）

(3) 国語の**辞書**を開く。（　　　）

(4) **最終回**を楽しみに待つ。（　　　）

(5) 先生の**号令**を聞いて走り出す。（　　　）

(6) 父のしゅみは**登山**だ。（　　　）

(7) 甲子園（こうしえん）球場は**兵庫県**にある。（　　　）

(8) 弟に**童話**を読み聞かせる。（　　　）

(9) おばに**暑中**みまいを出す。（　　　）

(10) 母がテストを見てため**息**をつく。（　　　）

(11) **注意**書きをよく読む。（　　　）

(12) **里山**の自然について学ぶ。（　　　）

(13) 時計の**電池**を入れかえる。（　　　）

(14) バスに乗って**遠足**に行く。（　　　）

トライ

3 □にあてはまる言葉を漢字で書きましょう。

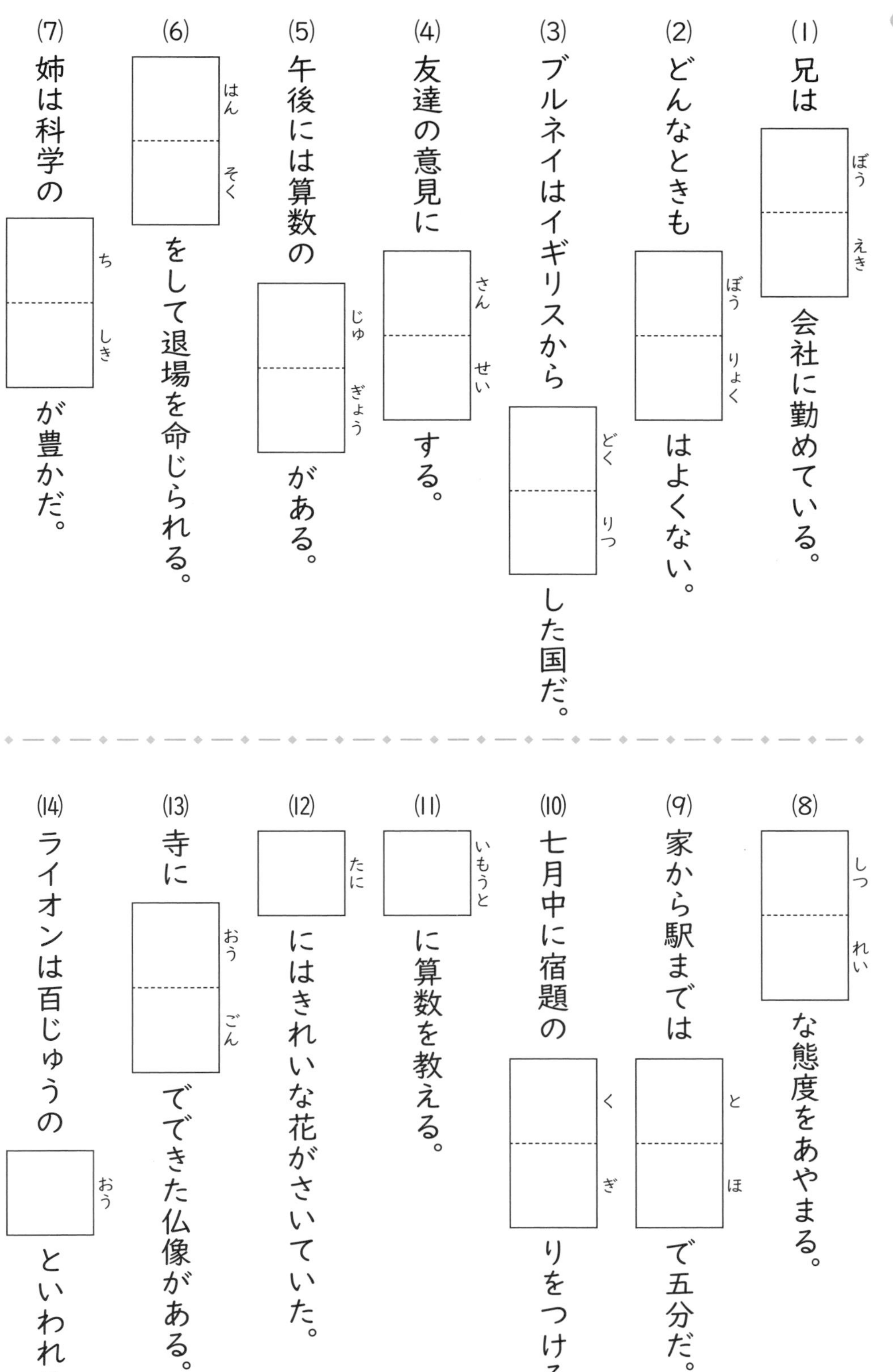

(1) 兄は［ぼうえき］会社に勤めている。

(2) どんなときも［ぼうりょく］はよくない。

(3) ブルネイはイギリスから［どくりつ］した国だ。

(4) 友達の意見に［さんせい］する。

(5) 午後には算数の［じゅぎょう］がある。

(6) ［はんそく］をして退場を命じられる。

(7) 姉は科学の［ちしき］が豊かだ。

(8) ［しつれい］な態度をあやまる。

(9) 家から駅までは［とほ］で五分だ。

(10) 七月中に宿題の［くぎ］りをつける。

(11) ［いもうと］に算数を教える。

(12) ［たに］にはきれいな花がさいていた。

(13) 寺に［おうごん］でできた仏像がある。

(14) ライオンは百じゅうの［おう］といわれる。

4 ——の漢字の読みがなを書きましょう。

(1) 糸電話を作るのに紙コップを**使**う。

(2) 計算機が**故障**する。

(3) 月に**雑誌**を二冊買う。

(4) **巻末**に付録が付いている。

(5) 巻き**尺**でたなの横の長さを測る。

(6) 陸上**競技**大会が行われる。

(7) 店の**営業**時間は九時から十二時までだ。

(8) 恐竜（きょうりゅう）の**研究**をしてみたい。

(9) 募金（ぼきん）への**協力**を呼びかける。

(10) 進路について先生に**相談**する。

(11) じゃがいもの**皮**むきをする。

(12) **夫婦**でカフェを営んでいる。

(13) **外観**が美しい店だ。

(14) **竹**やぶにすずめの巣がある。

答えは別冊 10ページ

コラム7

ことわざ・慣用句③

ことわざ

にがした魚は大きい

意味 もう少しで手に入りそうだったものは、実際よりも、よいものに思えることのたとえ。

青菜（あおな）に塩

意味 元気がなくなることのたとえ。

果報（かほう）はねて待て

意味 あせらないで、よい知らせがやってくるのを待つのがいい。

井の中のかわず大海（たいかい）を知らず

意味 自分がいる場所のほかにもっと広い世界があることを知らずに、自分の考えだけで満足している様子。

慣用句

蚊（か）のなくような声

意味 聞き取れないほど小さく弱々しい声。

朝飯前

意味 簡単に手早くできることのたとえ。

折り目正しい

意味 礼ぎ正しい。言葉づかいや態度などがきちんとしていることで、ほめ言葉として使う。

ねこの額（ひたい）

意味 とてもせまいことのたとえ。

横やりを入れる

意味 部外者が、余計なことを提案するなどして、じゃまをする。

腕（うで）が鳴る

意味 自分の能力を見せるのが楽しみで仕方がない様子。

骨身（ほねみ）をおしまない

意味 一生懸命（けんめい）にものごとを行う。

国語パズル&クイズ 7

カードを組み合わせよう！

答え　熟語にならないカードの漢字 [　　]

答えは別冊 11ページ

DAY 8

対義語・類義語

取り組んだ日　月　日

それぞれの言葉の意味から、反対や対(つい)になる関係にあるものを対義語というよ。

同じ意味や似たような意味をもつ言葉を類義語というんだ。言葉どうしの関係を知ることで、言葉の意味を深く理解することにつながるよ。

今日のテーマ

意味を理解し、言葉どうしの関係を知ろう

ポイント ❶ 対義語

共通の漢字がある

例　入場 － 退場　善意 － 悪意

共通の漢字がない

例　収入 － 支出　派手 － 地味

ポイント ❷ 類義語

共通の漢字がある

例　医者 － 医師　火事 － 火災

共通の漢字がない

例　価格 － 値段　真心 － 誠意

ポイントのチェック

1 次の組み合わせが(1)〜(3)は対義語の関係に、(4)〜(6)は類義語の関係になるように、□に漢字を書きましょう。

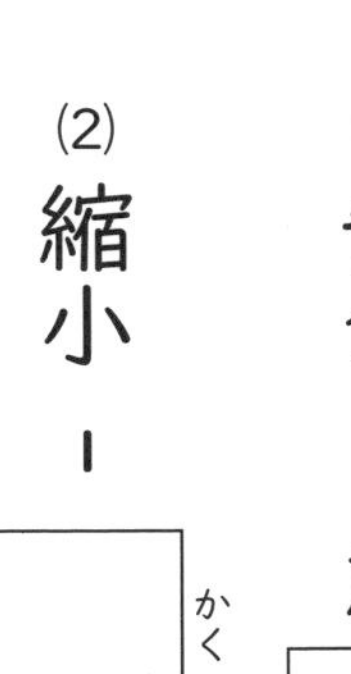
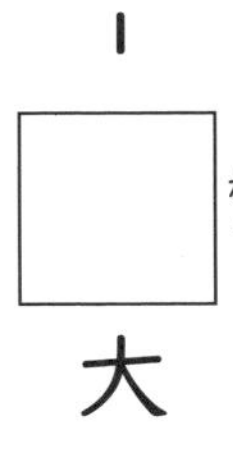
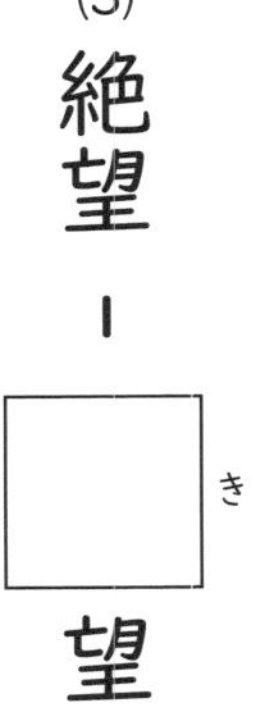
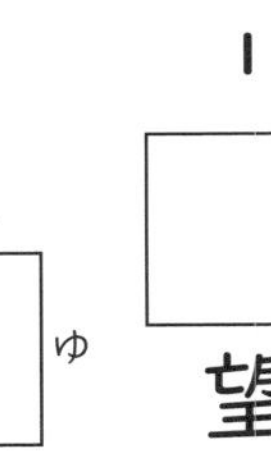

(1) 安全 － 危□(けん)

(2) 縮小 － □(かく)大

(3) 絶望 － □(き)望

(4) 運送 － 運□(ゆ)

(5) 快活 － 明□(ろう)

(6) 刊行 － □(しゅっ)版

もっとくわしく ポイント ❷

類義語

ある言葉に対して、類義語は一つとは限りません。
例えば、「希望」の類義語は、「願望」、「志願」など、いくつかあります。

ポイントのチェック

2 次の組み合わせが対義語の関係になるように、□の中のひらがなで書かれた言葉を一つ選び、漢字で書きましょう。

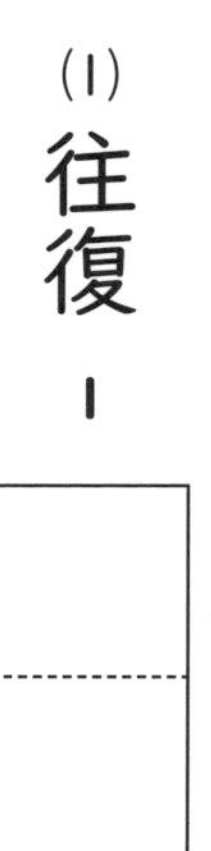
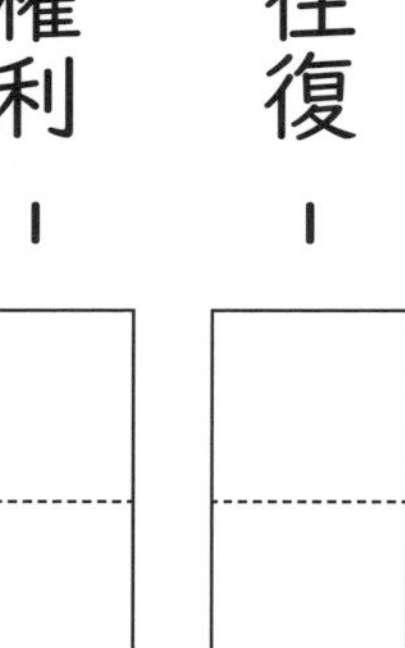

(1) 往復 ― □

(2) 権利 ― □

(3) 将来 ― □

(4) 温暖 ― □

(5) 応答 ― □

しつぎ・かこ・ぎむ
かんれい・かたみち

3 次の組み合わせが類義語の関係になるように、□の中のひらがなで書かれた言葉を一つ選び、漢字で書きましょう。

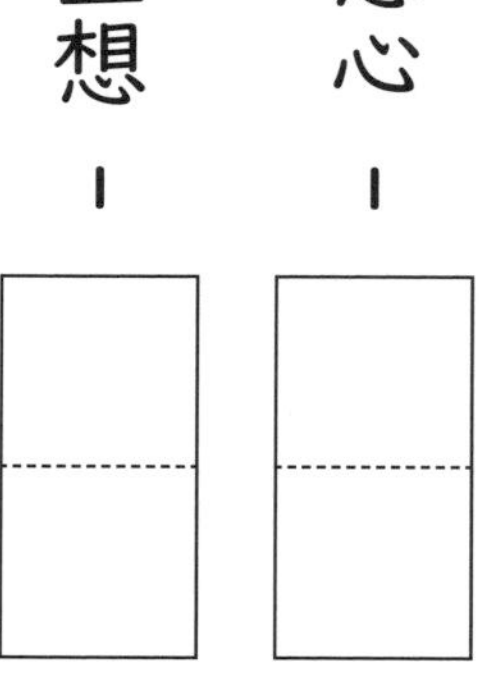
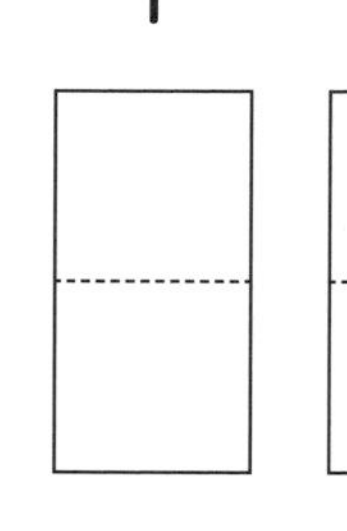
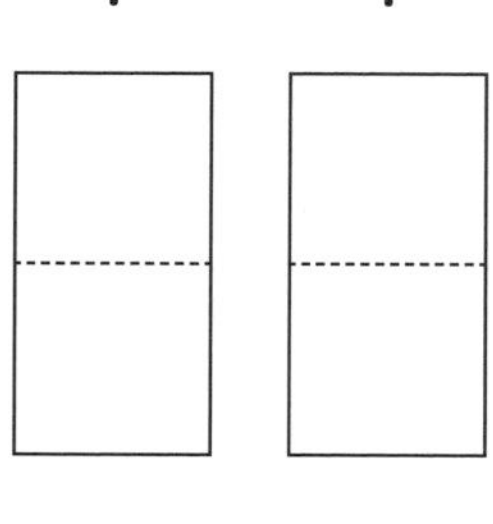

(1) 感心 ― □

(2) 空想 ― □

(3) 永久 ― □

(4) 関心 ― □

(5) 給料 ― □

えいえん・きょうみ・そうぞう
ちんぎん・けいふく

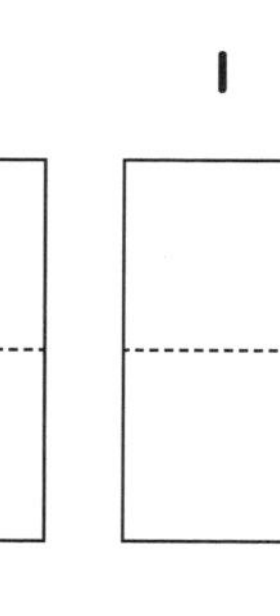

ヒント
感心 強く思うこと。ほめたいと思うこと。
関心 気にかけること。注意すること。

トライ

1 □にあてはまる言葉を漢字で書きましょう。

(1) 父は□□□(ちょうないかい)の手伝いをしている。

(2) 今日は天気が□(わる)い。

(3) □□(すいちょく)とびを練習する。

(4) 六年生が開会を□□(せんげん)する。

(5) 礼ぎ正しい□□(たいど)を心がける。

(6) □□(ひじょう)階段の場所を確認(かくにん)する。

(7) 図書館に立ち□(よ)る。

(8) □□(かせつ)を立ててから実験をする。

(9) テレビドラマを□□(ろくが)する。

(10) □□(なんきょく)には基地がある。

(11) 商品は□□(そうこ)に保管されている。

(12) 剣道(けんどう)の□□(ぼうぐ)をつけて練習する。

(13) □□(ふくすう)の習い事をしている。

(14) 命は□(とうと)いものだ。

トライ

2 ――の漢字の読みがなを書きましょう。

(1) 筋肉（　　）をつけるために運動する。

(2) びんの中に二酸化炭素（　　）を集める。

(3) 新しいコーチが就任（　　）した。

(4) 事故にあった人の安否（　　）が気になる。

(5) 図かんを三冊（　　）借りる。

(6) 聖火（　　）ランナーが海沿いの道を走る。

(7) 大きなトラックが停車（　　）する。

ヒント 安否 無事かどうかということ。

(8) フライパンで肉を焼（　　）く。

(9) ヘリコプターが空を飛（　　）ぶ。

(10) 兄をむかえに空港（　　）へ行く。

(11) きれいな色の貝（　　）がらを集める。

(12) かけじくに仁義（　　）とかいてある。

(13) 箱が重くて運ぶのに苦労（　　）する。

(14) 家来が王に忠誠（　　）をちかう。

ヒント 忠誠 心をこめて仕えること。

トライ

3 □にあてはまる言葉を漢字で書きましょう。

(1) アルコールを使って □□（しょう・どく） する。

(2) 拡大の □□（ばい・りつ） は三ばいだ。

(3) 事件を見た人が □□（しょう・げん） をする。

(4) □□（きゅう・しき） の電話を持っている。

(5) スカーフが □（やぶ） れる。

(6) □□（みん・ぞく） 衣装（いしょう）の写真を見る。

(7) 兄は □□（しょう・ばい） について勉強中だ。

(8) 祖母から □□（むかし・ばなし） を聞く。

(9) 赤も青も □□（りょう・ほう） とも好きだ。

(10) 大きな □□（に・もつ） を持つ。

(11) □（みずうみ） でボートに乗る。

(12) □□（いち・ば） で魚を買う。

(13) □（なに） をすればよいかわからない。

(14) ルールをやぶり □□（げん・じゅう） に注意される。

DAY 8

トライ

4 ――の漢字の読みがなを書きましょう。

(1) 熱中症（ねっちゅうしょう）を防ぐ対策を考える。（　　）

(2) 宝石のように光るガラスを見つける。（　　）

(3) 来週は弟の誕生日がある。（　　）

(4) まんがの原画が展示される。（　　）

(5) 作業の順序を確かめる。（　　）

(6) 友達を家に招待する。（　　）

(7) 金庫に大事なものを保管している。（　　）

(8) 地球には六つの大陸がある。（　　）

(9) 長い文章を書く。（　　）

(10) 毎日、牛乳を飲む。（　　）

(11) 夕食後は皿あらいをする。（　　）

(12) コップをテーブルまで運ぶ。（　　）

(13) 白い雲が流れてくる。（　　）

(14) 新しい内閣ができる。（　　）

答えは別冊 11ページ

ここもしっかり！

コラム8 ことわざ・慣用句④

ことわざ

千里(せんり)の道も一歩より
意味　どんなに大きな目標でも、身近で小さな作業から始まる。

能あるたかはつめをかくす
意味　すばらしい才能をもつ人は、それを見せびらかすようなことはしない。

立つ鳥あとをにごさず
意味　現在いるところから去るときは、後で他の人に迷わくをかけないよう、きちんとしておくべきだ。

三人寄ればもんじゅのちえ
意味　天才でなくても、三人集まってちえを出し合えば、もんじゅぼさつのようなすばらしい考えがうかぶものだ。

慣用句

水のあわになる
意味　今まで努力してきたことが、全てむだになってしまう。

二の足をふむ
意味　二歩目がふみ出せないように、ものごとを進める決心ができない。

買って出る
意味　他の人がやらないような役割を進んで行う。

一か八(ばち)か
意味　考えこまずに、思い切ってやってみる。

根も葉もない
意味　何の理由も、しょうこもない。

身を粉(こ)にする
意味　大変なことでも、いやがらずに働く。

百もしょうち
意味　説明されなくても、ものごとをよく理解している。

国語パズル&クイズ⑧

犯人はどの動物？

カンジ王国の宝がぬすまれたよ。警備員さんは、犯人のヒントだけ言って、帰ってしまったんだ。

犯人は、**牛、馬、犬、ねこ、ねずみ**のうちのどれか。そして、次の五つのことわざや慣用句に使われている動物だ。

ヒントを参考に、犯人をあててみよう。

犯人は、動物だよ。
次のことわざや慣用句に出てくる動物なんだ。

警備員さん

① □も歩けばぼうにあたる
② 飼い□に手をかまれる
③ □猿（えん）の仲
④ □に論語
⑤ □が西向きゃ尾（お）は東

答え 犯人の動物 ［　　　　］

答えは別冊 12ページ

DAY 9

まちがえやすい漢字①

取り組んだ日　月　日

同じ読み方をする漢字や、形が似ている漢字は、誤って使ってしまうことがあるよ。

どの漢字を使うか迷うときは、その漢字の意味や部首を考えてみたり、その漢字を使った熟語を考えてみたりしよう。

今日のテーマ

書こうとする漢字や言葉の意味を考えよう

ポイント① 形が似ているもの　部首を手がかりにする

例
× 友達と議輪する。
○ 友達と議論する。

「ぎろん」は、「意見を言い合う」ことなので、「言（ごんべん）」がつく、「論」が正しい。

ポイント② 同じ読み方をするもの　熟語で考えてみる

例
× 果物の根が上がる。
○ 果物の値が上がる。

それぞれの漢字を使った熟語は、「根元」「大根」、「値段」「価値」など。「ネが上がる」は、価値や値段が上がるという意味なので、「値」が正しい。

ポイントのチェック

1 漢字が正しく使われているのは、アとイの文のどちらですか。（　）に記号で書きましょう。

(1) ア　直径十センチの円をかく。
イ　直係十センチの円をかく。
（　　）

(2) ア　県頂所在地を調べる。
イ　県庁所在地を調べる。
（　　）

(3) ア　弟を看病する。
イ　弟を観病する。
（　　）

(4) ア　国語の成積が上がる。
イ　国語の成績が上がる。
（　　）

ポイントのチェック

2 次の文には、まちがって使われている漢字が一字あります。（　）に誤字を、□に正しい漢字を書きましょう。

(1) 脈手な模様の服を着る。　（　）□

(2) 右目に限帯をする。　（　）□

(3) バスの運貨が値上げされる。　（　）□

(4) 書類にペンで著名する。　（　）□

(5) 英語を通約する。　（　）□

(6) 友達が外国に移従した。　（　）□

(7) 自転車の車論がこわれた。　（　）□

(8) 部屋をきれいに方づける。　（　）□

(9) 交通事個を目げきする。　（　）□

(10) 車の柱来が激しい道路だ。　（　）□

トライ

1 ――の漢字の読みがなを書きましょう。

(1) 右手にハンカチを持つ。（　　　）

(2) 目を皿のようにしてまちがいを探す。（　　　）

(3) 走って呼吸が乱れる。（　　　）

(4) 縦横無じんの活やくをする。（　　　）

(5) ごはんを茶わんに盛る。（　　　）

(6) 鉄鋼業がさかんな町。（　　　）

(7) 竹を割ったような性格だ。（　　　）

ヒント
縦横無じん
思いのままにすること。

(8) 人通りが絶えることはない。（　　　）

(9) 図書カードを提示する。（　　　）

(10) 姉は化学の実験が好きだ。（　　　）

(11) 新しい洋服を着る。（　　　）

(12) 黒板の字を読む。（　　　）

(13) キュリー夫人の伝記を読む。（　　　）

(14) 一万円さつを財布（さいふ）に入れる。（　　　）

DAY 9

トライ

2 ――の漢字の読みがなを書きましょう。

(1) 日本は国連に加盟している。（　　）

(2) 小説の批評を読む。（　　）

(3) 将来は歯科医になりたい。（　　）

(4) 一人で留守番をする。（　　）

(5) 校舎の中では走らない。（　　）

(6) 元の状態にもどす。（　　）

(7) 台風で損害をこうむった。（　　）

(8) ブラスバンドの仲間で集まる。（　　）

(9) つばめの巣を見つける。（　　）

(10) 信号が青に変わる。（　　）

(11) 展示室に案内される。（　　）

(12) バレーボールの練習を欠かさない。（　　）

(13) 友達にめぐまれ幸せだ。（　　）

(14) 外国で弁護士として働きたい。（　　）

トライ

3 ―の漢字の読みがなを書きましょう。

(1) 歩行者専用（　　）の道だ。

(2) 神秘（　　）のベールに包まれている。

(3) 科学者がアメリカに亡命（　　）した。

(4) 兄は大学で経済（　　）を学んでいる。

(5) あまい食べ物には罪（　　）はない。

(6) 団結（　　）して優勝を目指す。

(7) コップの底（　　）に砂糖が残る。

(8) 億万（　　）長者になった夢をみた。

(9) もうすぐ卒業式（　　）だ。

(10) 目次（　　）でめあてのページを探す。

(11) 大きな声で返事（　　）をする。

(12) 仕事の内容を簡単（　　）に説明する。

(13) 書店の前に行列（　　）ができる。

(14) 第一（　　）、そんなことは聞いていない。

DAY 9

トライ

4 ―の漢字の読みがなを書きましょう。

(1) 教室（　　）にはだれもいない。

(2) バイオリンの演奏（　　）を聞く。

(3) 夢が現実（　　）になった。

(4) 駅伝の総合（　　）順位が発表された。

(5) 政治（　　）について勉強したい。

(6) 圧力（　　）なべでカレーを作る。

(7) お楽しみ会のことが議題（　　）になった。

(8) 全国各地（　　）に友達がいる。

(9) 英語（　　）の勉強が好きだ。

(10) 明日はかさが必要（　　）だ。

(11) 勇気（　　）を出して転校生に声をかける。

(12) 説明文の事実（　　）と意見を読み分ける。

(13) 庭（　　）に桜の木がある。

(14) 会場の群衆（　　）がはく手した。

HELLO！

答えは別冊 12ページ

ここもしっかり！

コラム9 故事成語①

故事成語は、中国の昔の出来事などが元になってできた言葉だよ。
故事成語は、今ではことわざや、四字熟語などとして身近に使われているものもあるんだ。漢字や表現が少し難しいものもあるけれど、由来を知れば、もっと身近に感じられるよ。

背水の陣

意味 後ろににげることができない状態で全力をつくすこと。失敗すれば、すべて終わるというかくごでものごとに対応すること。

由来 昔、中国で負けそうになっていた国の武将が、川を背にして戦うことにした。にげようとすれば、川に落ちるしかない状態なので、みんな、にげずに戦い、勝利をおさめたという話からできた。

呉越同舟

意味 敵どうしなど、仲が悪い者どうしが同じところで行動すること。

由来 昔、中国に戦争をしていた呉と越という国があった。一つの船に呉と越の人が乗ったら、協力し合うだろうという話からできた。

杞憂

意味 考える必要のないことまで考えて心配すること。

由来 昔、中国の杞の国に、天がくずれるのではないかと考え、ねることも食べることもできなくなった人がいたという話からできた。

推敲

意味 詩や文をよりよくするために何度も直すこと。

由来 昔、中国の詩人が詩を作っているときに「推す」か「敲く」のどちらにするかなやんでいるときに、他の人に「敲く」がよいと言われたという話からできた。

矛盾

意味 ものごとのすじ道が通っていないこと。

由来 昔、中国の商人がどんな矛も通さないという盾と、どんな盾もつき通すという矛を売ろうとした。その矛と盾で戦うとどうなるかと聞かれ、答えられなかったという話からできた。

国語 パズル&クイズ 9

気球に入る漢字は何だ？

大変！ 気球に、あながあいてしまったよ。慣用句が完成するよう、□の中に漢字を入れて、あなをふさごう。

1つの気球の□には、体に関係した、同じ漢字が入るよ。

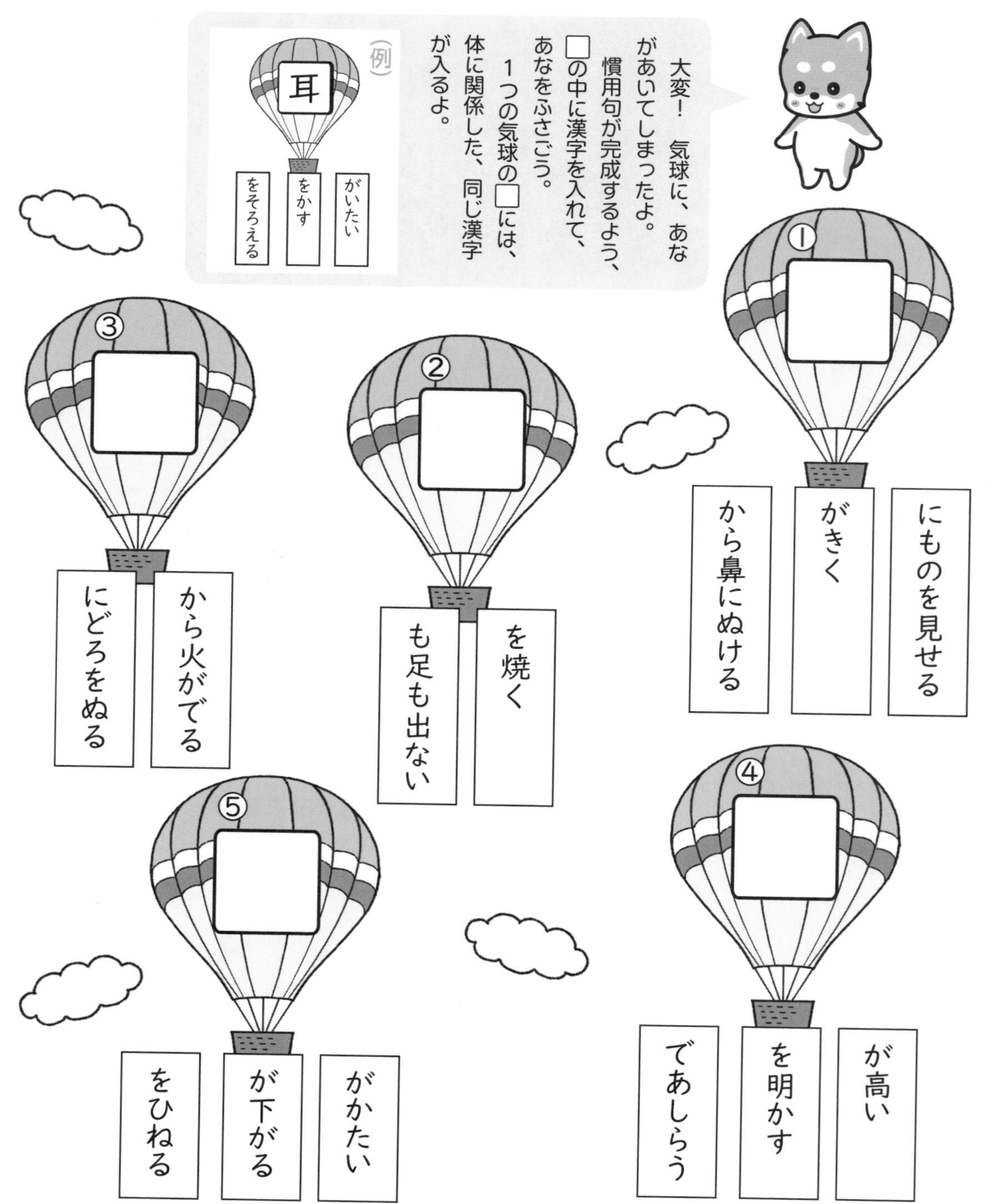

答えは別冊 13ページ

DAY 10

まちがえやすい漢字②

取り組んだ日　月　日

知らない言葉を見たとき、自分の知っている読み方をあてて、読みまちがえてしまうことがあるよ。知らない言葉や読み方があったら、意味を調べ、どんな漢字なのかを確かめて、自分で使いこなせる言葉を増やしていこう。

今日のテーマ

言葉によって、漢字を読み分けよう

ポイント1　特別な読み方をするもの

例　雨雲（あまぐも）　何点（なんてん）　金物（かなもの）

「あめぐも」・「なにてん」・「かねもの」と読みまちがえやすい言葉です。いつも「あめ」や「なに」など読むわけではないので、言葉を覚えて、読み分けます。

ポイント2　「音読み＋訓読み」、「訓読み＋音読み」する熟語

例　団子（だんご）　関所（せきしょ）

ほとんどの熟語は、「音読み＋音読み」か「訓読み＋訓読み」のどちらかの読み方をしますが、「団子（音読み＋訓読み）」や「関所（訓読み＋音読み）」のような熟語もあります。

ポイントのチェック

1　―の漢字の読みがなを書きましょう。

(1) 校庭で雪合戦（　　）をする。

(2) 再来年（　　）は中学二年生だ。

(3) 句読点（　　）に注意して作文を書く。

(4) 軍手（　　）をつけてそうじする。

(5) 役場（　　）の前に人が集まる。

(6) 姉の手製（　　）のかばんを持つ。

(7) 兄の指図（　　）に従う。

ポイントのチェック

2 ——の漢字の読みがなを書きましょう。

(1) すずめがえさに群がる。(　　)

(2) 祖母は船旅を楽しみにしている。(　　)

(3) きなこは大豆から作る。(　　)

(4) 弟は納(なっ)得するまで動かない。(　　)

(5) 預金の残高を調べる。(　　)

(6) 道と空き地の境目に花がさいている。(　　)

(7) 茶柱が立って喜ぶ。(　　)

(8)「ねこに小判」の意味を知る。(　　)

(9) 分厚い布地で作られた服を着る。(　　)

(10) いちょうの並木道を歩く。(　　)

(11) このかばんは私の相棒だ。(　　)

(12) どんぶりから湯気が立つ。(　　)

(13) 力士が土俵を下りる。(　　)

(14) 姉の指輪をはめてみる。(　　)

トライ

1 □にあてはまる言葉を漢字で書きましょう。

(1) コップから水が□(た)れる。

(2) □(もう)しこみ用紙に記入する。

(3) 仏きょうは、代表的な□□(しゅうきょう)の一つだ。

(4) □□(おおぜい)の仲間がいる。

(5) 白組の□(はた)を持つ。

(6) □(ちち)は芸術家だ。

(7) 科学者になるという□□(がんぼう)がある。

(8) 春に□□(けんこう)診断(しんだん)が行われる。

(9) ハンカチを□(お)とす。

(10) 食後に必ず□(は)をみがく。

(11) 卵一個□□(ていど)の重さだ。

(12) 気温の□□(へんか)を記録する。

(13) 冷たい水で□(かお)を洗う。

(14) ノックをしてから部屋に□(はい)る。

トライ

② □にあてはまる言葉を漢字で書きましょう。

(1) 大きな家の□（もん）をくぐる。

(2) 母は昨日、□□（たい・いん）した。

(3) □（まど）を開けて風を通す。

(4) □□□（せん・めん・じょ）をそうじする。

(5) 大きな□（いわ）に登る。

(6) やかんから□□□（すい・じょう・き）が上がる。

(7) 庭の雑草を取り□（のぞ）く。

(8) 箱の□（たて）の長さを測る。

(9) 古い雑誌を□（す）てる。

(10) 後ろ□（すがた）を写真にとる。

(11) □（きび）しい練習を重ねる。

(12) 大きく息を□（す）う。

(13) どの服を着るかで□（まよ）う。

(14) 緑が□（ゆた）かな公園だ。

3 □にあてはまる言葉を漢字で書きましょう。

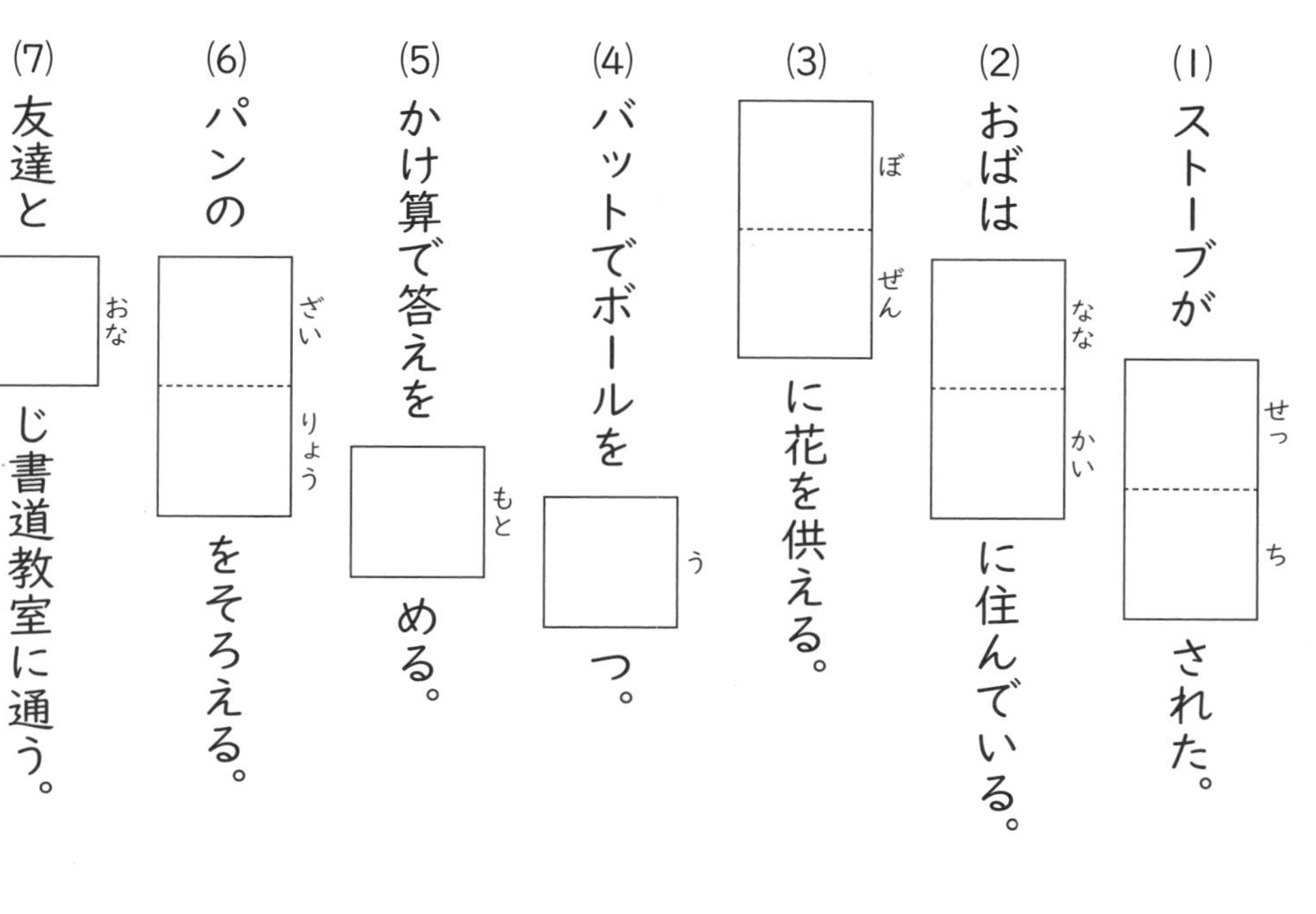

(1) ストーブが□□(せっち)された。

(2) おばは□□(ななかい)に住んでいる。

(3) □□(ぼぜん)に花を供える。

(4) バットでボールを□(う)つ。

(5) かけ算で答えを□(もと)める。

(6) パンの□□(ざいりょう)をそろえる。

(7) 友達と□(おな)じ書道教室に通う。

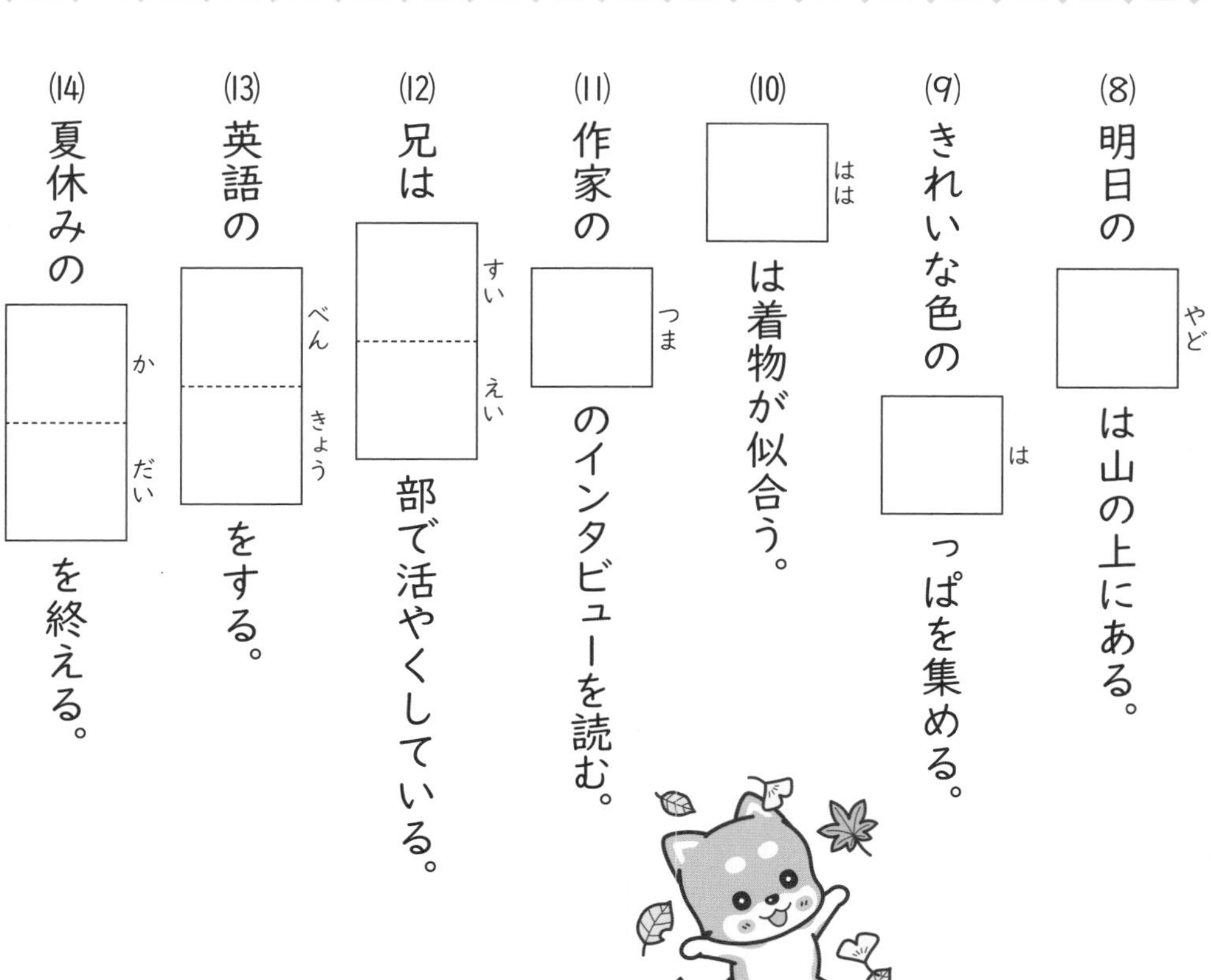

(8) 明日の□(やど)は山の上にある。

(9) きれいな色の□(は)っぱを集める。

(10) □(はは)は着物が似合う。

(11) 作家の□(つま)のインタビューを読む。

(12) 兄は□□(すいえい)部で活やくしている。

(13) 英語の□□(べんきょう)をする。

(14) 夏休みの□□(かだい)を終える。

トライ

4 □にあてはまる言葉を漢字で書きましょう。

(1) 朝顔の□□（かんさつ）記録をつける。

(2) 式の□（はじ）めに来ひんがあいさつする。

(3) 祖母にはたくさんの□（まご）がいる。

(4) 交通□□（ひょうしき）に注意する。

(5) □□（こじん）的な問題を相談する。

(6) □（ぞう）の鼻は長い。

(7) □□（すなば）にバケツの忘れ物があった。

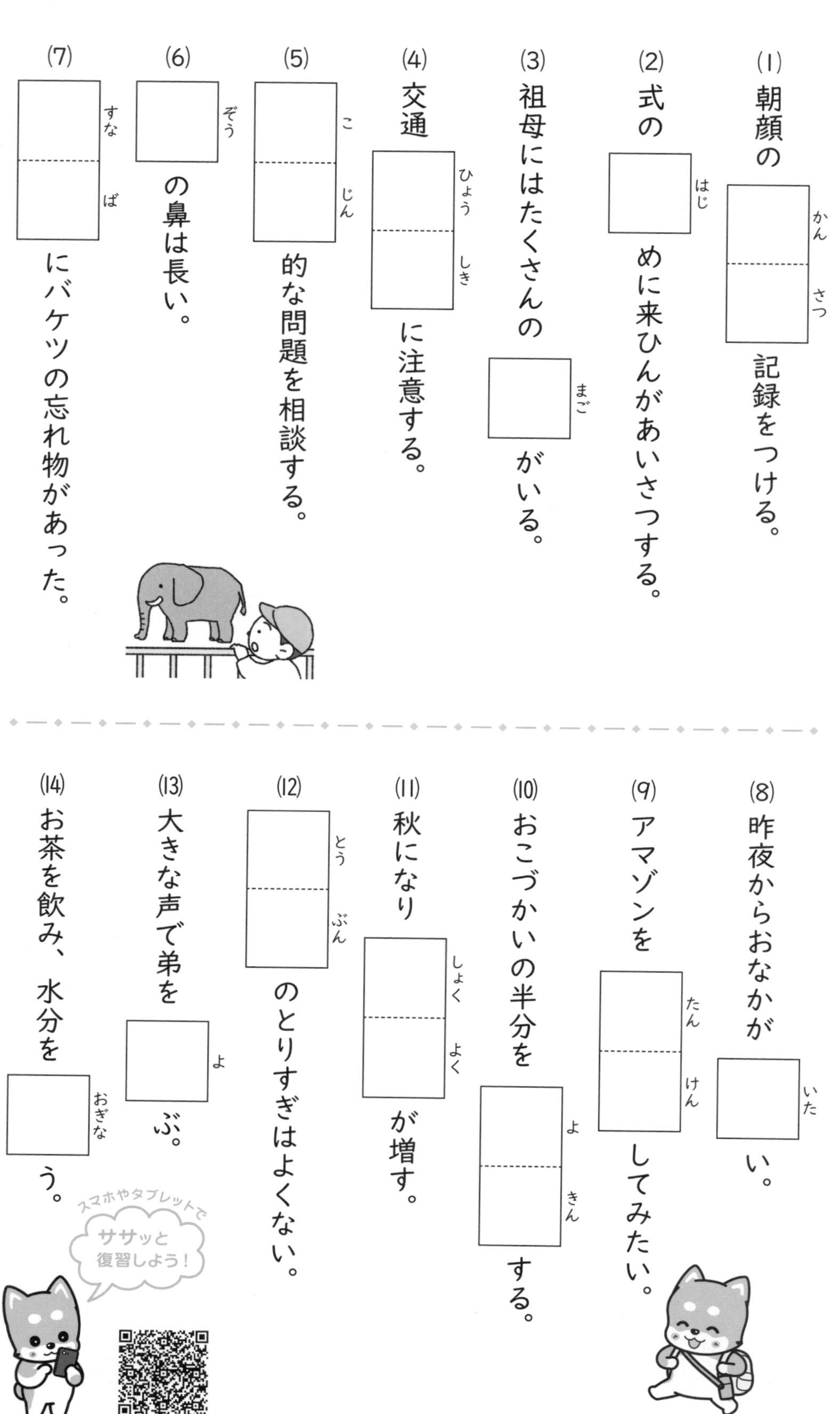

(8) 昨夜からおなかが□（いた）い。

(9) アマゾンを□□（たんけん）してみたい。

(10) おこづかいの半分を□□（よきん）する。

(11) 秋になり□□（しょくよく）が増す。

(12) □□（とうぶん）のとりすぎはよくない。

(13) 大きな声で弟を□（よ）ぶ。

(14) お茶を飲み、水分を□（おぎな）う。

答えは別冊 13ページ

コラム10 故事成語②

朝三暮四

意味 目先のことに気をとられて、結果が同じであることに気づかないこと。

由来 さるのえさを減らそうと考えた人が、さるに「えさは朝に三つ、夜に四つにする」と言った。さるが不満を言ったので、順番だけ変えて「朝に四つ、夜に三つ」としたところ、さるは喜んだという話からできた。

登竜門

意味 難しいが、通ることができれば、成功できる試験や場所。

由来 中国にある黄河に、流れが急な場所があり、ここを登ることができたコイは竜になるという伝説からできた。

画竜点睛

意味 ものごとを完成させるために必要な最後の部分。

由来 昔、中国の画家がすばらしい竜をかいたが、ひとみ（睛）がなかった。ひとみがあると、本当の竜になるというのがその理由だったが、それを信じない人が無理にひとみをかかせたところ、絵が竜になって飛んでいったという話からできた。

五里霧中

意味 どうすればよいか全くわからないこと。

由来 昔、中国である人が術を使って、あたり一面に霧を起こして、人をまどわした話からできた。

四面楚歌

意味 敵ばかりに囲まれ、助けがない状態。

由来 昔、楚と漢という国が戦っていた。ある夜、楚を囲んでいた漢の軍隊から楚の歌が聞こえてきて、楚の武将は味方がいなくなったと思い、負けてしまったという話からできた。

漁夫の利

意味 争っている人とは、ちがう人が利益をえること。

由来 鳥がはまぐりを食べようとして、はまぐりと争っていたところ、通りかかった漁師が鳥とはまぐりの両方をつかまえたという話からできた。

国語 パズル&クイズ ⑩

優勝したのはだれ？

六人で、熟語作りゲームをしているよ。
自分の持っているカードと、音読みで「イ」と読む漢字を組み合わせて熟語を作るよ。
カードを全部使って、五つの熟語を作ることができたのは、六人のうち、一人だけ。それは、だれかな。

支　置　口　赤　周　まどか

令　熟　上　例　用　りく

前　服　味　産　水　せりか

方　住　木　員　腸　しゅん

保　飛　常　動　白　えり

差　民　得　弟　見　しょうた

答え　優勝したのは ＿＿＿＿

答えは別冊 14ページ

復習テスト

10 日間、よく、がんばったね。
しあげに、復習テストにチャレンジしよう。
復習テストは 2 回分あるよ。
① は、DAY 1 ～ 5、②は、DAY 6 ～ 10 の内容の復習だよ。
とりかかる前に、10 日間で学習したテーマをおさらいしてみてね。
覚えていたら、□に✓を入れよう。

テーマのおさらい！

- □ DAY 1　一つの漢字の読み方は、一つとは限らない
- □ DAY 2　送りがなで、言葉の意味がはっきりする
- □ DAY 3　漢字の組み立てに注目しよう
- □ DAY 4　音読みが同じ言葉を正しく使い分けよう
- □ DAY 5　訓読みが同じ言葉を正しく使い分けよう
- □ DAY 6　三字と四字の熟語を使いこなそう
- □ DAY 7　熟語の組み立てを知ろう
- □ DAY 8　意味を理解し、言葉どうしの関係を知ろう
- □ DAY 9　書こうとする漢字や言葉の意味を考えよう
- □ DAY 10　言葉によって、漢字を読み分けよう

復習テスト①

取り組んだ日　月　日

／100

目指せ80点！

1 ―の漢字の読みがなを書きましょう。16点（1つ1点）

(1) めの前を鳥が横切る。（　）

(2) 赤い屋根の家をめじるしにする。（　）

(3) 海岸まで歩いて行く。（　）

(4) いとこは薬の研究をしている。（　）

(5) ボールが曲線をえがく。（　）

(6) 王様に十人の家来が仕える。（　）

(7) 駅前に人が集まる。（　）

(8) かき氷にみつをかける。（　）

(9) 話す前に深呼吸する。（　）

(10) 校庭に整列する。（　）

(11) 古い新聞を全部捨てる。（　）

(12) 短い休息をとる。（　）

(13) 映画の題名を忘れる。（　）

(14) やり残しがないよう注意する。（　）

(15) 笛の音が聞こえる。（　）

(16) コップと皿を配る。（　）

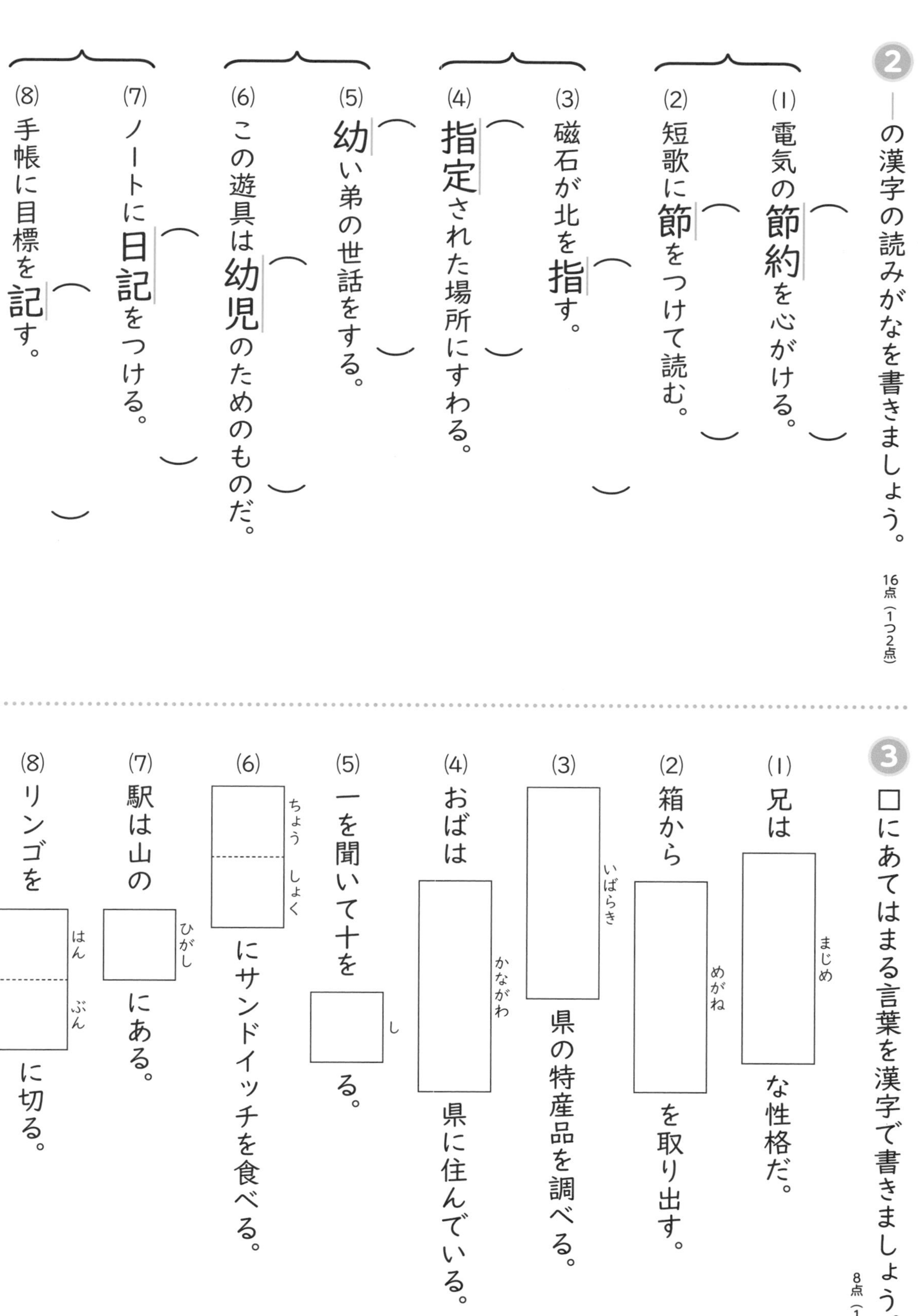

2 ―の漢字の読みがなを書きましょう。 16点（1つ2点）

(1) 電気の節約を心がける。（　）

(2) 短歌に節をつけて読む。（　）

(3) 磁石が北を指す。（　）

(4) 指定された場所にすわる。（　）

(5) 幼い弟の世話をする。（　）

(6) この遊具は幼児のためのものだ。（　）

(7) ノートに日記をつける。（　）

(8) 手帳に目標を記す。（　）

3 □にあてはまる言葉を漢字で書きましょう。 8点（1つ1点）

(1) 兄は□（まじめ）な性格だ。

(2) 箱から□（めがね）を取り出す。

(3) □（いばらき）県の特産品を調べる。

(4) おばは□（かながわ）県に住んでいる。

(5) 一を聞いて十を□（し）る。

(6) □（ちょうしょく）にサンドイッチを食べる。

(7) 駅は山の□（ひがし）にある。

(8) リンゴを□（はんぶん）に切る。

4 □にあてはまる言葉を漢字一字と送りがなで書きましょう。 16点（1つ2点）

(1) 毎週、図書館に□（かよう）。

(2) 夕食後、□（かならず）お茶を飲む。

(3) 日が□（くれる）のが早くなる。

(4) 実験の結果を□（うたがう）。

(5) 祖母の家を□（たずねる）。

(6) スープに塩を□（くわえる）。

(7) ていねいな言葉を□（もちいる）。

(8) どんなときも決まりを□（まもる）。

5 次の部首をもつ漢字を□に書きましょう。 12点（1つ2点）

(1) 广 … 書□（てん）・□（こう）告

(2) 扌 … □（とう）手・□（だ）者

(3) 攵 … □（きょう）室・□（すう）字

(4) 艹 … □（えい）語・重□（に）

(5) 辶 … 発□（たつ）・□（どう）路

(6) 囗 … □（ず）工・公□（えん）

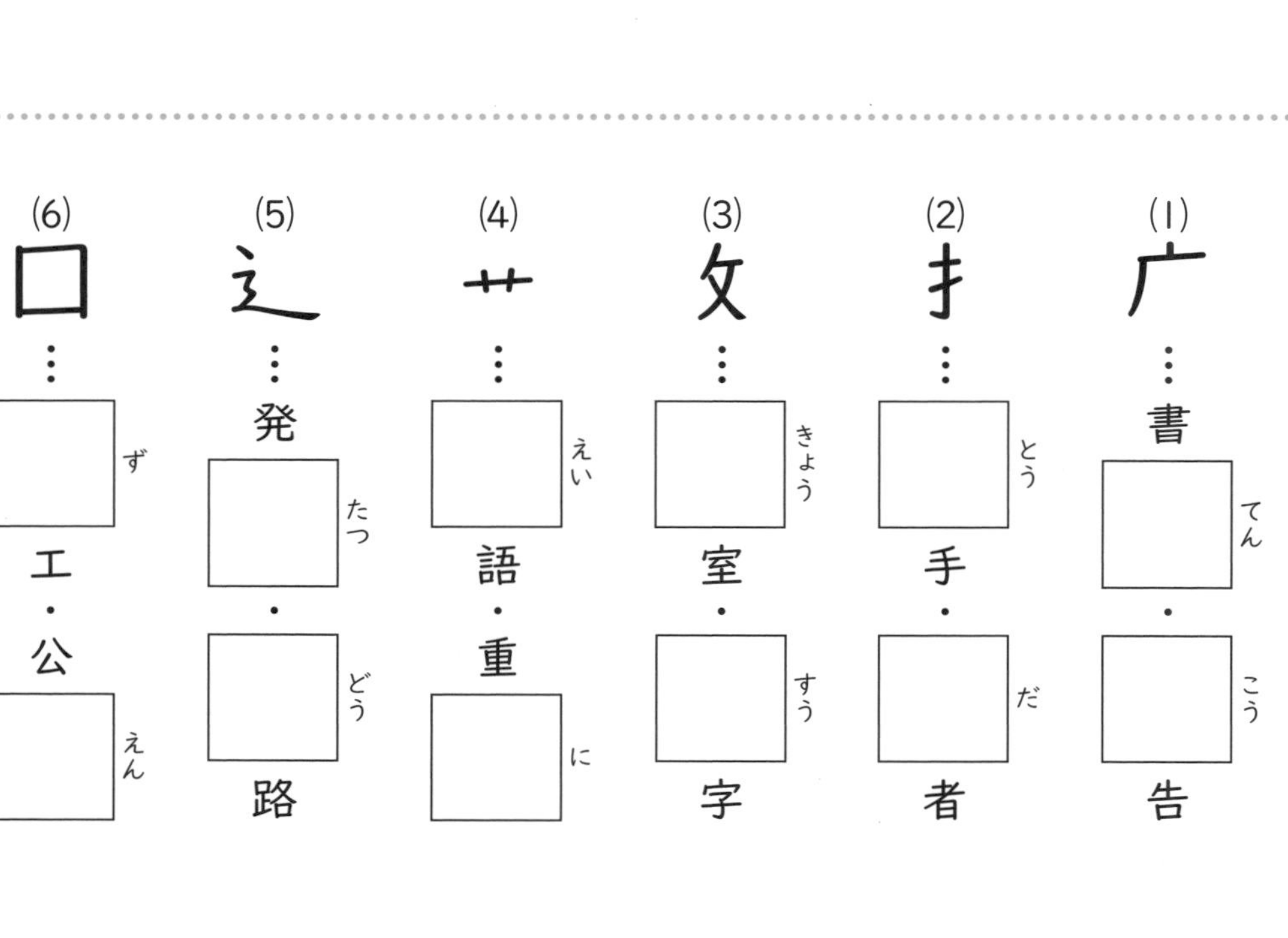

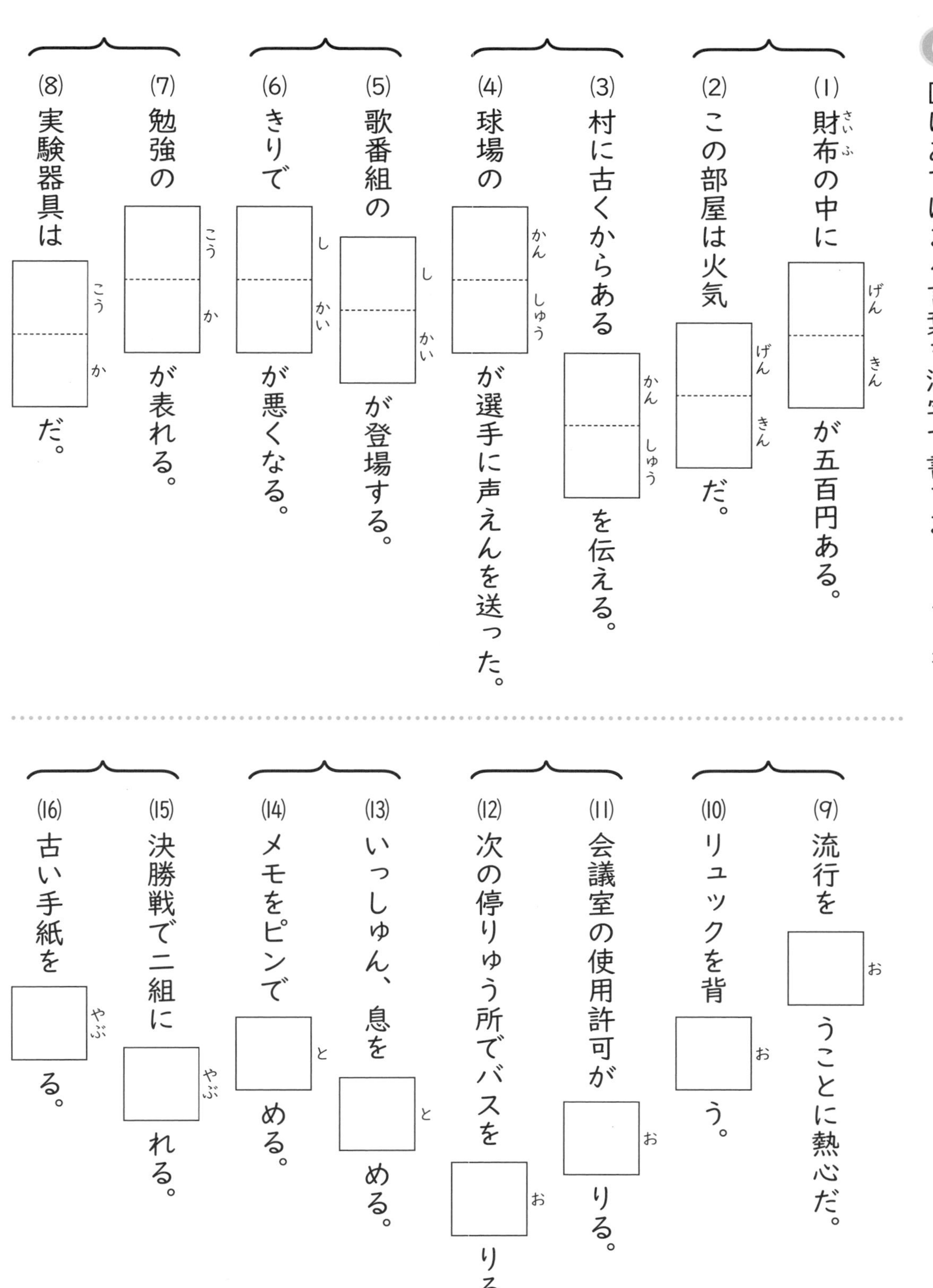

6 □にあてはまる言葉を漢字で書きましょう。 32点（1つ2点）

(1) 財布(さいふ)の中に［げんきん］が五百円ある。
(2) この部屋は火気［げんきん］だ。
(3) 村に古くからある［かんしゅう］を伝える。
(4) 球場の［かんしゅう］が選手に声えんを送った。
(5) 歌番組の［しかい］が登場する。
(6) きりで［しかい］が悪くなる。
(7) 勉強の［こうか］が表れる。
(8) 実験器具は［こうか］だ。

(9) 流行を［お］うことに熱心だ。
(10) リュックを背［お］う。
(11) 会議室の使用許可が［お］りる。
(12) 次の停りゅう所でバスを［お］りる。
(13) いっしゅん、息を［と］める。
(14) メモをピンで［と］める。
(15) 決勝戦で二組に［やぶ］れる。
(16) 古い手紙を［やぶ］る。

復習テスト ②

取り組んだ日　月　日

/100

1 次の熟語は、ア〜エのどれにあたりますか。記号で書きましょう。　24点（1つ3点）

(1) 木造（　　）
(2) 勝敗（　　）
(3) 休刊（　　）
(4) 尊敬（　　）
(5) 呼吸（　　）
(6) 禁止（　　）
(7) 自他（　　）
(8) 存在（　　）

ア 同じような意味をもつ漢字の組み合わせ
イ 反対の意味をもつ漢字の組み合わせ
ウ 上の字が下の字を修飾（しゅうしょく）している組み合わせ
エ 下の字が「〜を」「〜に」の意味をもつ組み合わせ

2 次の文には、まちがって使われている漢字が一字あります。（　）に誤字を、□に正しい漢字を書きましょう。　10点（1つ2点）

(1) カスタネットを大きく慣らす。（　　）□
(2) 商品をきれいな紙で放装する。（　　）□
(3) 誤りを悲難される。（　　）□
(4) 兄が写真の個典を開く。（　　）□
(5) ごみを集めて拾てる。（　　）□

3 次の意味をもつ四字熟語を、［　］から選んで書きましょう。 16点（1つ4点）

(1) いきなり大切なことから話し始めること。

(2) 気をゆるめると失敗するので注意したほうがよいこと。

(3) 話や文章などの順番や展開の仕方のこと。

(4) 晴れた時は畑で作業して雨の時は読書するように、世間にえいきょうされずゆったり生活すること。

起承転結（きしょうてんけつ）　油断大敵（ゆだんたいてき）
単刀直入（たんとうちょくにゅう）　晴耕雨読（せいこううどく）

4 □にあてはまる言葉を漢字で書きましょう。 24点（1つ3点）

(1) □（きゅうきゅうしゃ）が駅に着いた。

(2) 家具の□（あんぜんせい）を保証する。

(3) コンピュータ技術は□（にっしんげっぽ）だ。

(4) □（ぜったいぜつめい）のピンチにおちいる。

(5) □（とどうふけん）の特色を学ぶ。

(6) パンの□（しょうみきげん）を確かめる。

(7) 係は□（てきざいてきしょ）で分担する。

(8) 時間が変わって□（うおうさおう）する。

5 次の組み合わせが対義語の関係になるように、　の中のひらがなで書かれた言葉を一つ選び、漢字で書きましょう。 5点（1つ1点）

(1) 短縮 ―
(2) 質問 ―
(3) 帰宅 ―
(4) 水源 ―
(5) 公開 ―

がいしゅつ・ひみつ・かこう
おうとう・えんちょう

6 次の組み合わせが類義語の関係になるように、　の中のひらがなで書かれた言葉を一つ選び、漢字で書きましょう。 5点（1つ1点）

(1) 広告 ―
(2) 以前 ―
(3) 住宅 ―
(4) 忠告 ―
(5) 発展 ―

かこ・かおく・くげん
こうじょう・せんでん

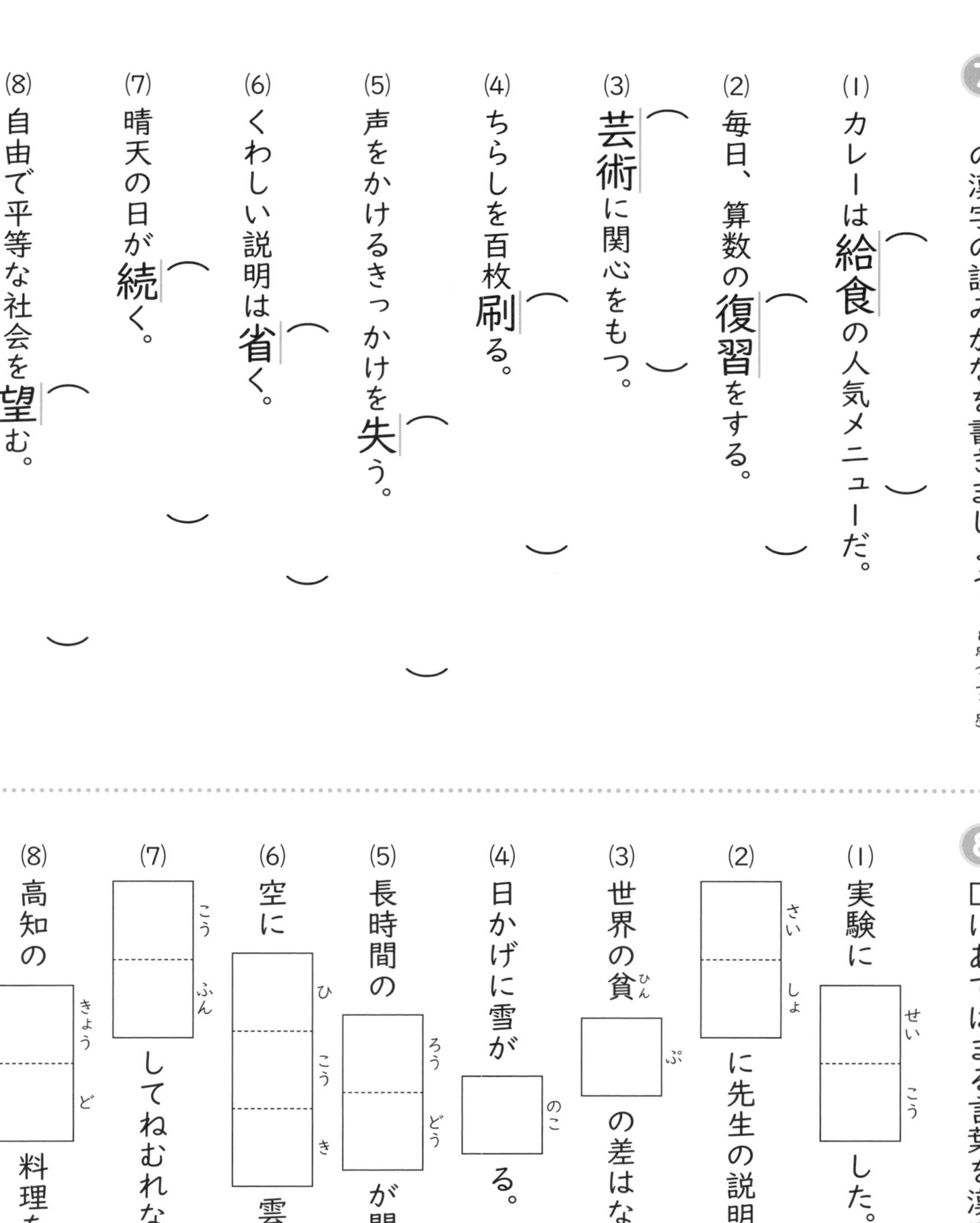

7 ―の漢字の読みがなを書きましょう。 8点（1つ1点）

(1) カレーは給食の人気メニューだ。（　　）
(2) 毎日、算数の復習をする。（　　）
(3) 芸術に関心をもつ。（　　）
(4) ちらしを百枚刷る。（　　）
(5) 声をかけるきっかけを失う。（　　）
(6) くわしい説明は省く。（　　）
(7) 晴天の日が続く。（　　）
(8) 自由で平等な社会を望む。（　　）

8 □にあてはまる言葉を漢字で書きましょう。 8点（1つ1点）

(1) 実験に□□（せい こう）した。
(2) □□（さい しょ）に先生の説明がある。
(3) 世界の貧（ひん）□（ぷ）の差はなくすべきだ。
(4) 日かげに雪が□（のこ）る。
(5) 長時間の□□（ろう どう）が問題になる。
(6) 空に□□□（ひ こう き）雲がある。
(7) □□（こう ふん）してねむれない。
(8) 高知の□□（きょう ど）料理を食べる。

チェックしよう！

一年生から六年生で 学習する漢字一覧

一年生から六年生で学習する漢字と、それぞれの漢字を使った言葉がのっているよ。
のっている言葉の使い方や意味はわかるか、おさらいしてみよう。

犬	月	空	金	玉	休	九	気	学	貝	花	火	下	音	王	円	雨	右	一	一年生
番犬（ばんけん）	月曜日（げつようび）	空港（くうこう）	現金（げんきん）	水玉（みずたま）	休む（やす）	九州（きゅうしゅう）	気持ち（きも）	学問（がくもん）	貝がら（かい）	草花（くさばな）	火曜日（かようび）	下りる（お）	音楽（おんがく）	王様（おうさま）	円い（まる）	雨具（あまぐ）	右往左往（うおうさおう）	一刻（いっこく）	

上	小	女	出	十	手	車	七	耳	字	糸	四	子	山	三	左	校	口	五	見
上手（じょうず／うわ（かみ）て）	小川（おがわ）	女子（じょし）	外出（がいしゅつ）	十人十色（じゅうにんといろ）	下手（へた／しもて）	救急車（きゅうきゅうしゃ）	七色（なないろ）	耳（みみ）	赤字（あかじ）	糸車（いとぐるま）	四階（よんかい）	迷子（まいご）	登山（とざん）	三冊（さんさつ）	左右（さゆう）	校歌（こうか）	人口（じんこう）	五円玉（ごえんだま）	見当（けんとう）

中	竹	男	大	村	足	草	早	先	川	千	赤	石	夕	青	生	正	水	人	森
暑中（しょちゅう）	竹やぶ（たけ）	男女（だんじょ）	大分（おおいた）	市町村（しちょうそん）	右足（みぎあし）	草原（そうげん／くさはら）	早朝（そうちょう）	先生（せんせい）	川岸（かわぎし）	千円（せんえん）	赤らめる（あか）	宝石（ほうせき）	夕日（ゆうひ）	青空（あおぞら）	生える（は）	正しい（ただ）	水曜日（すいようび）	人類（じんるい）	森林（しんりん）

林	力	立	目	名	本	木	文	百	八	白	年	入	日	二	土	田	天	町	虫
山林（さんりん）	力作（りきさく）	立体（りったい）	目標（もくひょう）	名前（なまえ）	本質（ほんしつ）	木曜日（もくようび）	文書（ぶんしょ）	八百屋（やおや）	八方美人（はっぽうびじん）	白い（しろ）	青年（せいねん）	玉入れ（たまい）	日進月歩（にっしんげっぽ）	二十日（はつか／にじゅうにち）	土曜日（どようび）	田園（でんえん）	天然（てんねん）	町内会（ちょうないかい）	こん虫（ちゅう）

楽	角	外	絵	海	会	回	画	歌	家	夏	科	何	遠	園	雲	羽	引	二年生	六
楽しい（たの）	三角形（さんかくけい）	外れる（はず）	絵画（かいが）	海外（かいがい）	会う（あ）	回復（かいふく）	画数（かくすう）	歌声（うたごえ）	家族（かぞく）	夏休み（なつやす）	生活科（せいかつか）	何回（なんかい）	永遠（えいえん）	公園（こうえん）	雲海（うんかい）	羽毛（うもう）	引用（いんよう）		六月（ろくがつ）

言	元	計	形	兄	近	教	強	京	魚	牛	弓	帰	記	汽	顔	岩	丸	間	活
苦言（くげん）	元気（げんき）	計算（けいさん）	図形（ずけい）	兄さん（にい）	近い（ちか）	教わる（おそ）	強弱（きょうじゃく）	京都（きょうと）	金魚（きんぎょ）	牛肉（ぎゅうにく）	弓矢（ゆみや）	帰国（きこく）	記す（しる）	汽車（きしゃ）	顔面（がんめん）	岩石（がんせき）	丸い（まる）	昼間（ひるま）	活動（かつどう）

今	黒	国	谷	合	黄	高	行	考	光	交	広	公	工	語	後	午	古	戸	原
今月（こんげつ）	黒板（こくばん）	国語（こくご）	谷間（たにま）	合う（あ）	黄色（きいろ）	高知（こうち）	行列（ぎょうれつ）	参考（さんこう）	光栄（こうえい）	交通（こうつう）	広告（こうこく）	公明正大（こうめいせいだい）	工業（こうぎょう）	言語道断（ごんごどうだん）	明後日（みょうごにち）	午後（ごご）	考古学（こうこがく）	雨戸（あまど）	野原（のはら）

才	細	作	算	止	市	矢	姉	思	紙	寺	自	時	室	社	弱	首	秋	週	春
天才（てんさい）	細（こま）かい	図画工作（ずがこうさく）	算数（さんすう）	止（と）める	市場（いちば・しじょう）	矢印（やじるし）	姉（ねえ）さん	不思議（ふしぎ）	手紙（てがみ）	寺院（じいん）	自給自足（じきゅうじそく）	時計（とけい）	教室（きょうしつ）	社会（しゃかい）	弱肉強食（じゃくにくきょうしょく）	首位（しゅい）	中秋（ちゅうしゅう）	翌週（よくしゅう）	立春（りっしゅん）

書	少	場	色	食	心	新	親	図	数	西	声	星	晴	切	雪	船	線	前	組
教科書（きょうかしょ）	少（すく）ない	場所（ばしょ）	景色（けしき）	給食（きゅうしょく）	以心伝心（いしんでんしん）	新米（しんまい）	親（した）しむ	図工（ずこう）	数字（すうじ）	東西南北（とうざいなんぼく）	名声（めいせい）	星座（せいざ）	晴（は）れる	大切（たいせつ）	雪合戦（ゆきがっせん）	船旅（ふなたび）	点線（てんせん）	午前（ごぜん）	番組（ばんぐみ）

走	多	太	体	台	地	池	知	茶	昼	長	鳥	朝	直	通	弟	店	点	電	刀
走（はし）る	多（おお）い	太（ふと）い	全体（ぜんたい）	台風（たいふう）	大地（だいち）	電池（でんち）	知（し）る	茶柱（ちゃばしら）	昼食（ちゅうしょく）	校長（こうちょう）	鳥取（とっとり）	今朝（けさ）	単刀直入（たんとうちょくにゅう）	通学路（つうがくろ）	兄弟（きょうだい）	書店（しょてん）	点数（てんすう）	電話（でんわ）	小刀（こがたな・しょうとう）

冬	当	東	答	頭	同	道	読	内	南	肉	馬	売	買	麦	半	番	父	風	分
冬至（とうじ）	当（あ）たる	東京（とうきょう）	質疑応答（しつぎおうとう）	平身低頭（へいしんていとう）	同（おな）じ	書道（しょどう）	読書（どくしょ）	案内（あんない）	南国（なんごく）	筋肉（きんにく）	馬車（ばしゃ）	売（う）る	売買（ばいばい）	麦茶（むぎちゃ）	半（なか）ば	番号（ばんごう）	父母（ふぼ）	風景（ふうけい）	気分（きぶん）

聞	米	歩	母	方	北	毎	妹	万	明	鳴	毛	門	夜	野	友	用	曜	来	里
新聞（しんぶん）	米作（べいさく）	歩（ある）く	母親（ははおや）	方向（ほうこう）	東北（とうほく）	毎日（まいにち）	妹（いもうと）	一万円（いちまんえん）	明（あ）ける	鳴（な）る	毛糸（けいと）	校門（こうもん）	夜中（よなか）	野生（やせい）	親友（しんゆう）	用（もち）いる	曜日（ようび）	来年（らいねん）	里山（さとやま）

理	話	三年生	悪	安	暗	医	委	意	育	員	院	飲	運	泳	駅	央	横	屋	温
理科（りか）	会話（かいわ）		悪（わる）い	安全（あんぜん）	暗号（あんごう）	医学（いがく）	委（ゆだ）ねる	好意（こうい）	体育（たいいく）	委員（いいん）	退院（たいいん）	飲（の）む	運（はこ）ぶ	水泳（すいえい）	駅前（えきまえ）	中央（ちゅうおう）	縦横（じゅうおう）	家屋（かおく）	検温（けんおん）

化	荷	界	開	階	寒	感	漢	館	岸	起	期	客	究	急	級	宮	球	去	橋
変化（へんか）	荷物（にもつ）	視界（しかい）	開（あ）ける	階級（かいきゅう）	寒暖（かんだん）	感動（かんどう）	漢字（かんじ）	旅館（りょかん）	海岸（かいがん）	起（お）きる	期間（きかん）	乗客（じょうきゃく）	究明（きゅうめい）	急病（きゅうびょう）	上級生（じょうきゅうせい）	王宮（おうきゅう）	地球（ちきゅう）	過去（かこ）	歩道橋（ほどうきょう）

業	曲	局	銀	区	苦	具	君	係	軽	血	決	研	県	庫	湖	向	幸	港	号
授業（じゅぎょう）	曲線（きょくせん）	薬局（やっきょく）	銀行（ぎんこう）	区切（くぎ）り	苦（にが）い	道具（どうぐ）	君主（くんしゅ）	関係（かんけい）	軽傷（けいしょう）	止血（しけつ）	決（き）まる	研究（けんきゅう）	都道府県（とどうふけん）	車庫（しゃこ）	湖水（こすい）	向上（こうじょう）	幸（しあわ）せ	開港（かいこう）	号令（ごうれい）

根	祭	皿	仕	死	使	始	指	歯	詩	次	事	持	式	実	写	者	主	守	取
屋根（やね）	祭（まつ）り	皿（さら）あらい	仕（つか）える	死者（ししゃ）	使（つか）う	始（はじ）まる	指図（さしず）	歯車（はぐるま）	詩人（しじん）	目次（もくじ）	仕事（しごと）	持（も）つ	式場（しきじょう）	事実（じじつ）	写（うつ）す	作者（さくしゃ）	主人公（しゅじんこう）	守（まも）る	取捨（しゅしゃ）

□植	□乗	□勝	□章	□商	□消	□昭	□助	□暑	□所	□宿	□重	□住	□集	□習	□終	□拾	□州	□受	□酒
植物（しょくぶつ）	乗（の）る	勝敗（しょうはい）	文章（ぶんしょう）	商売（しょうばい）	消（け）す	昭和（しょうわ）	救助（きゅうじょ）	暑（あつ）い	近所（きんじょ）	合宿（がっしゅく）	重（かさ）ねる	永住（えいじゅう）	集（あつ）まる	学習（がくしゅう）	終（お）わる	拾（ひろ）う	本州（ほんしゅう）	受（う）ける	あま酒（ざけ）

□待	□対	□打	□他	□族	□速	□息	□想	□送	□相	□全	□昔	□整	□世	□進	□深	□真	□神	□身	□申
招待（しょうたい）	対策（たいさく）	打（う）つ	他人（たにん）	水族館（すいぞくかん）	速達（そくたつ）	休息（きゅうそく）	空想（くうそう）	送（おく）る	相手（あいて）	全（まった）く	昔話（むかしばなし）	整（ととの）える	世界（せかい）	進（すす）む	深（ふか）い	写真（しゃしん）	神奈川（かながわ）	身近（みぢか）	申（もう）す

□度	□都	□転	□鉄	□笛	□庭	□定	□追	□調	□帳	□丁	□柱	□注	□着	□談	□短	□炭	□題	□第	□代
速度（そくど）	都合（つごう）	転（ころ）ぶ	地下鉄（ちかてつ）	汽笛（きてき）	家庭（かてい）	指定（してい）	追（お）う	調（しら）べる	手帳（てちょう）	包丁（ほうちょう）	電柱（でんちゅう）	注意（ちゅうい）	着（つ）く	相談（そうだん）	短（みじか）い	炭素（たんそ）	題名（だいめい）	第一（だいいち）	代表（だいひょう）

□悲	□皮	□板	□坂	□反	□発	□畑	□箱	□倍	□配	□波	□農	□童	□動	□等	□登	□湯	□島	□豆	□投
悲（かな）しむ	皮（かわ）むき	板（いた）の間（ま）	坂道（さかみち）	反対（はんたい）	発着（はっちゃく）	麦畑（むぎばたけ）	本箱（ほんばこ）	倍率（ばいりつ）	配（くば）る	電波（でんぱ）	農業（のうぎょう）	童話（どうわ）	動（うご）かす	等（ひと）しい	登校（とうこう）	湯気（ゆげ）	列島（れっとう）	大豆（だいず）	意気投合（いきとうごう）

□面	□命	□味	□放	□勉	□返	□平	□物	□福	□服	□部	□負	□品	□病	□秒	□表	□氷	□筆	□鼻	□美
真面目（まじめ）	絶体絶命（ぜったいぜつめい）	意味（いみ）	放課後（ほうかご）	勉強（べんきょう）	返事（へんじ）	公平（こうへい）	物語（ものがたり）	幸福（こうふく）	洋服（ようふく）	部屋（へや）	負（お）う	品物（しなもの）	病気（びょうき）	秒針（びょうしん）	表（あらわ）す	氷山（ひょうざん）	筆箱（ふでばこ）	鼻歌（はなうた）	美術館（びじゅつかん）

□列	□礼	□緑	□両	□旅	□流	□落	□様	□陽	□葉	□洋	□羊	□予	□遊	□有	□油	□由	□薬	□役	□問
整列（せいれつ）	失礼（しつれい）	緑色（みどりいろ／りょくしょく）	両方（りょうほう）	旅行（りょこう）	流（なが）れる	落語（らくご）	様子（ようす）	太陽（たいよう）	言葉（ことば）	洋食（ようしょく）	羊毛（ようもう）	予想（よそう）	遊牧（ゆうぼく）	有名（ゆうめい）	油田（ゆでん）	自由（じゆう）	薬箱（くすりばこ）	役場（やくば）	問題（もんだい）

□貨	□果	□加	□億	□岡	□塩	□媛	□栄	□英	□印	□茨	□位	□衣	□以	□案	□愛	四年生	□和	□路	□練
金貨（きんか）	果物（くだもの）	加減（かげん）	億万（おくまん）	岡山（おかやま）	塩分（えんぶん）	愛媛（えひめ）	栄（さか）える	英語（えいご）	印刷（いんさつ）	茨城（いばらき）	単位（たんい）	衣服（いふく）	以上（いじょう）	答案（とうあん）	愛犬（あいけん）		平和（へいわ）	道路（どうろ）	練習（れんしゅう）

□旗	□季	□希	□岐	□願	□観	□関	□管	□官	□完	□潟	□覚	□各	□街	□害	□械	□改	□賀	□芽	□課
国旗（こっき）	季節（きせつ）	希望（きぼう）	岐阜（ぎふ）	願（ねが）う	観察（かんさつ）	関心（かんしん）	管理（かんり）	器官（きかん）	完全（かんぜん）	新潟（にいがた）	覚（おぼ）える	各地（かくち）	市街地（しがいち）	公害（こうがい）	機械（きかい）	改訂（かいてい）	賀正（がしょう）	発芽（はつが）	課題（かだい）

□景	□径	□群	□郡	□軍	□訓	□熊	□極	□競	□鏡	□協	□共	□漁	□挙	□給	□泣	□求	□議	□機	□器
背景（はいけい）	直径（ちょっけい）	群（むら）がる	郡部（ぐんぶ）	軍手（ぐんて）	音訓（おんくん）	熊本（くまもと）	南極（なんきょく）	競争（きょうそう）	望遠鏡（ぼうえんきょう）	協力（きょうりょく）	共通（きょうつう）	漁師（りょうし）	挙（あ）げる	配給（はいきゅう）	泣（な）く	求（もと）める	議題（ぎだい）	心機一転（しんきいってん）	器用（きよう）

漢字	用例（読み）
芸	園芸（えんげい）
欠	欠（か）ける
結	起承転結（きしょうてんけつ）
建	建設（けんせつ）
健	健全（けんぜん）
験	実験（じっけん）
固	固有（こゆう）
功	功績（こうせき）
好	好（す）き
香	香川（かがわ）
候	立候補（りっこうほ）
康	健康（けんこう）
佐	佐賀（さが）
差	交差点（こうさてん）
菜	菜（な）の花（はな）
最	最（もっと）も
埼	埼玉（さいたま）
材	適材適所（てきざいてきしょ）
崎	宮崎（みやざき）
昨	昨夜（さくや）
札	名札（なふだ）
刷	刷（す）る
察	考察（こうさつ）
参	参加（さんか）
産	出産（しゅっさん）
散	集散（しゅうさん）
残	残高（ざんだか）
氏	氏名（しめい）
司	司会（しかい）
試	試写（ししゃ）
児	幼児（ようじ）
治	治（おさ）める
滋	滋賀（しが）
辞	辞書（じしょ）
鹿	鹿児島（かごしま）
失	失（うしな）う
借	借（か）りる
種	種類（しゅるい）
周	周（まわ）り
祝	祝（いわ）う
順	順番（じゅんばん）
初	最初（さいしょ）
松	松竹梅（しょうちくばい）
笑	笑（わら）う
唱	合唱（がっしょう）
焼	焼（や）く
照	照明（しょうめい）
城	宮城（みやぎ）
縄	縄（なわ）とび
臣	大臣（だいじん）
信	信号（しんごう）
井	福井（ふくい）
成	成功（せいこう）
省	省（はぶ）く
清	清水（しみず）
静	静（しず）けさ
席	欠席（けっせき）
積	積（つ）もる
折	折（お）る
節	節分（せつぶん）
説	説明（せつめい）
浅	浅（あさ）い
戦	合戦（かっせん）
選	選（えら）ぶ
然	自然（しぜん）
争	争（あらそ）う
倉	倉庫（そうこ）
巣	巣箱（すばこ）
束	約束（やくそく）
側	側面（そくめん）
続	続（つづ）く
卒	卒業（そつぎょう）
孫	子孫（しそん）
帯	地帯（ちたい）
隊	兵隊（へいたい）
達	友達（ともだち）
単	単語（たんご）
置	位置（いち）
仲	仲間（なかま）
沖	沖縄（おきなわ）
兆	前兆（ぜんちょう）
低	低（ひく）い
底	海底（かいてい）
的	目的（もくてき）
典	辞典（じてん）
伝	宣伝（せんでん）
徒	徒歩（とほ）
努	努力（どりょく）
灯	点灯（てんとう）
働	働（はたら）く
特	特許（とっきょ）
徳	徳島（とくしま）
栃	栃木（とちぎ）
奈	奈良（なら）
梨	山梨（やまなし）
熱	熱心（ねっしん）
念	残念（ざんねん）
敗	敗（やぶ）れる
梅	梅（うめ）ぼし
博	博物館（はくぶつかん）
阪	大阪（おおさか）
飯	昼飯（ひるめし）
飛	飛（と）ぶ
必	必（かなら）ず
票	投票（とうひょう）
標	標識（ひょうしき）
不	不老不死（ふろうふし）
夫	夫婦（ふうふ）
付	付（つ）く
府	府立（ふりつ）
阜	岐阜（ぎふ）
富	豊富（ほうふ）
副	副作用（ふくさよう）
兵	兵庫（ひょうご）
別	判別（はんべつ）
辺	辺（あた）り
変	変（か）わる
便	便（たよ）り
包	包装（ほうそう）
法	法律（ほうりつ）
望	望（のぞ）む
牧	牧場（ぼくじょう）
末	週末（しゅうまつ）
満	満足（まんぞく）
未	未解決（みかいけつ）
民	民族（みんぞく）
無	無料（むりょう）
約	節約（せつやく）
勇	勇気（ゆうき）
要	必要（ひつよう）
養	養（やしな）う
浴	海水浴（かいすいよく）
利	利益（りえき）
陸	大陸（たいりく）
良	改良（かいりょう）
料	材料（ざいりょう）
量	量（はか）る
輪	車輪（しゃりん）
類	分類（ぶんるい）
令	指令（しれい）
冷	冷（ひ）やす
例	例文（れいぶん）
連	連絡（れんらく）
老	敬老（けいろう）
労	労働（ろうどう）
録	録画（ろくが）
五年生	
圧	圧力（あつりょく）
囲	囲（かこ）む
移	移（うつ）す
因	原因（げんいん）
永	永久（えいきゅう）
営	営業（えいぎょう）
衛	人工衛星（じんこうえいせい）
易	難易（なんい）
益	益鳥（えきちょう）
液	液体（えきたい）
演	公演（こうえん）
応	応答（おうとう）
往	往来（おうらい）
桜	桜色（さくらいろ）
可	可能（かのう）
仮	仮説（かせつ）
価	高価（こうか）
河	河口（かこう）
過	通過（つうか）
快	快（こころよ）い
解	解（と）く
格	性格（せいかく）
確	確（たし）かめる
額	金額（きんがく）
刊	週刊誌（しゅうかんし）
幹	新幹線（しんかんせん）
慣	習慣（しゅうかん）
眼	眼鏡（めがね）
紀	紀元（きげん）
基	基本（きほん）
寄	寄（よ）る
規	規則（きそく）
喜	喜（よろこ）ぶ

漢字	用例	読み
技	競技	きょうぎ
義	義務	ぎむ
逆	逆らう	さか
久	久しい	ひさ
旧	旧式	きゅうしき
救	救う	すく
居	居間	いま
許	許す	ゆる
境	境目	さかいめ
均	均等	きんとう
禁	禁止	きんし
句	句読点	くとうてん
型	大型	おおがた
経	経験	けいけん
潔	清潔	せいけつ
件	用件	ようけん
険	険しい	けわ
検	探検	たんけん
限	期限	きげん
現	現実	げんじつ
減	減る	へ
故	故郷	こきょう
個	個人	こじん
護	護身	ごしん
効	効果	こうか
厚	分厚い	ぶあつ
耕	晴耕雨読	せいこううどく
航	航海	こうかい
鉱	鉱山	こうざん
構	構え	かま
興	興味	きょうみ
講	講師	こうし
告	予告	よこく
混	混じる	ま
査	調査	ちょうさ
再	再び	ふたた
災	災害	さいがい
妻	夫妻	ふさい
採	採光	さいこう
際	国際的	こくさいてき
在	自由自在	じゆうじざい
財	文化財	ぶんかざい
罪	謝罪	しゃざい
殺	殺虫剤	さっちゅうざい
雑	雑木林	ぞうきばやし
酸	酸素	さんそ
賛	賛成	さんせい
士	博士	はかせ／はくし
支	支社	ししゃ
史	日本史	にほんし
志	意志	いし
枝	木の枝	きのえだ
師	医師	いし
資	資産	しさん
飼	飼育	しいく
示	展示	てんじ
似	似る	に
識	知識	ちしき
質	質問	しつもん
舎	宿舎	しゅくしゃ
謝	感謝	かんしゃ
授	教授	きょうじゅ
修	修める	おさ
述	述べる	の
術	技術	ぎじゅつ
準	準決勝	じゅんけっしょう
序	順序	じゅんじょ
招	招く	まね
証	証言	しょうげん
象	気象	きしょう
賞	金賞	きんしょう
条	条件	じょうけん
状	状態	じょうたい
常	日常	にちじょう
情	表情	ひょうじょう
織	織る	お
職	職業	しょくぎょう
制	制服	せいふく
性	理性	りせい
政	政治	せいじ
勢	勢い	いきお
精	精力的	せいりょくてき
製	手製	てせい
税	消費税	しょうひぜい
責	責める	せ
績	成績	せいせき
接	密接	みっせつ
設	設置	せっち
絶	絶える	た
祖	祖母	そぼ
素	素材	そざい
総	総合	そうごう
造	木造	もくぞう
像	想像	そうぞう
増	急増	きゅうぞう
則	反則	はんそく
測	測定	そくてい
属	金属	きんぞく
率	確率	かくりつ
損	損害	そんがい
貸	貸す	か
態	態度	たいど
団	団結	だんけつ
断	断る	ことわ
築	建築	けんちく
貯	貯金	ちょきん
張	主張	しゅちょう
停	停車	ていしゃ
提	提示	ていじ
程	程度	ていど
適	適切	てきせつ
統	統一	とういつ
堂	食堂	しょくどう
銅	銅線	どうせん
導	導く	みちび
得	得る	え
毒	消毒	しょうどく
独	独立	どくりつ
任	担任	たんにん
燃	燃える	も
能	才能	さいのう
破	破る	やぶ
犯	犯人	はんにん
判	小判	こばん
版	版画	はんが
比	比べる	くら
肥	肥料	ひりょう
非	非常	ひじょう
費	費用	ひよう
備	備える	そな
評	評価	ひょうか
貧	貧しい	まず
布	布地	ぬのじ
婦	婦人	ふじん
武	武道	ぶどう
復	復習	ふくしゅう
複	複数	ふくすう
仏	念仏	ねんぶつ
粉	小麦粉	こむぎこ
編	編む	あ
弁	弁当	べんとう
保	保管	ほかん
墓	墓前	ぼぜん
報	因果応報	いんがおうほう
豊	豊か	ゆた
防	防具	ぼうぐ
貿	貿易	ぼうえき
暴	暴力	ぼうりょく
脈	山脈	さんみゃく
務	務める	つと
夢	夢中	むちゅう
迷	迷う	まよ
綿	綿織物	めんおりもの
輸	運輸	うんゆ
余	余る	あま
容	容器	ようき
略	省略	しょうりゃく
留	留守	るす
領	大統領	だいとうりょう
歴	歴史	れきし

六年生

漢字	用例	読み
胃	胃液	いえき
異	異常	いじょう
遺	遺産	いさん
域	流域	りゅういき
宇	宇宙	うちゅう
映	映す	うつ
延	延長	えんちょう
沿	沿岸	えんがん
恩	恩人	おんじん
我	我々	われわれ
灰	灰色	はいいろ
拡	拡大	かくだい
革	沿革	えんかく
閣	内閣	ないかく
割	割れる	わ
株	株式会社	かぶしきがいしゃ
干	干満	かんまん
巻	巻末	かんまつ
看	看病	かんびょう

□	□	□	□	□	□	□	□	□	□	□	□	□	□	□	□	□	□	□	□
絹	券	穴	激	劇	警	敬	系	筋	勤	郷	胸	供	吸	疑	貴	揮	机	危	簡
絹糸（きぬいと）	定期券（ていきけん）	横穴（よこあな）	激（はげ）しい	観劇（かんげき）	警察（けいさつ）	敬服（けいふく）	系統（けいとう）	筋道（すじみち）	勤（つと）める	郷土（きょうど）	胸囲（きょうい）	供（そな）える	深呼吸（しんこきゅう）	疑問（ぎもん）	貴族（きぞく）	指揮（しき）	学習机（がくしゅうづくえ）	危（あぶ）ない	簡単（かんたん）

□	□	□	□	□	□	□	□	□	□	□	□	□	□	□	□	□	□	□	□
済	座	砂	困	骨	穀	刻	鋼	降	紅	皇	孝	后	誤	呼	己	厳	源	憲	権
経済（けいざい）	座席（ざせき）	砂場（すなば）	困苦（こんく）	鉄骨（てっこつ）	穀物（こくもつ）	刻（きざ）む	鉄鋼（てっこう）	降（お）りる	紅茶（こうちゃ）	天皇（てんのう）	孝行（こうこう）	皇后（こうごう）	誤（あやま）り	呼吸（こきゅう）	利己（りこ）	厳重（げんじゅう）	資源（しげん）	憲法（けんぽう）	権利（けんり）

□	□	□	□	□	□	□	□	□	□	□	□	□	□	□	□	□	□	□	□
衆	就	宗	収	樹	若	尺	捨	射	磁	誌	詞	視	姿	私	至	蚕	冊	策	裁
観衆（かんしゅう）	就職（しゅうしょく）	宗教（しゅうきょう）	収納（しゅうのう）	樹木（じゅもく）	若（わか）い	巻（ま）き尺（じゃく）	捨（す）てる	反射（はんしゃ）	磁石（じしゃく）	雑誌（ざっし）	歌詞（かし）	視力（しりょく）	容姿（ようし）	公私（こうし）	至（いた）る	養蚕（ようさん）	冊子（さっし）	散策（さんさく）	裁判（さいばん）

□	□	□	□	□	□	□	□	□	□	□	□	□	□	□	□	□	□	□	□
盛	寸	推	垂	仁	針	蒸	障	傷	将	承	除	諸	署	処	純	熟	縮	縦	従
盛（も）る	寸法（すんぽう）	推理（すいり）	垂（た）れる	仁義（じんぎ）	針金（はりがね）	水蒸気（すいじょうき）	故障（こしょう）	軽（かる）い	将来（しょうらい）	承知（しょうち）	除（のぞ）く	諸国（しょこく）	署名（しょめい）	処理（しょり）	単純（たんじゅん）	熟語（じゅくご）	縮小（しゅくしょう）	縦書（たてが）き	従（したが）う

□	□	□	□	□	□	□	□	□	□	□	□	□	□	□	□	□	□	□	□
尊	存	臓	蔵	操	層	装	創	窓	奏	善	銭	染	洗	泉	専	宣	舌	誠	聖
尊（とうと／たっと）い	存続（そんぞく）	臓器（ぞうき）	所蔵（しょぞう）	操作（そうさ）	高層（こうそう）	装置（そうち）	創作（そうさく）	車窓（しゃそう）	演奏（えんそう）	善良（ぜんりょう）	銭湯（せんとう）	染（そ）める	洗（あら）う	温泉（おんせん）	専用（せんよう）	宣言（せんげん）	舌（した）つづみ	誠実（せいじつ）	聖火（せいか）

□	□	□	□	□	□	□	□	□	□	□	□	□	□	□	□	□	□	□	□
討	展	敵	痛	賃	潮	腸	頂	庁	著	忠	宙	値	暖	段	誕	探	担	宅	退
検討（けんとう）	展覧会（てんらんかい）	油断大敵（ゆだんたいてき）	痛（いた）い	運賃（うんちん）	潮風（しおかぜ）	胃腸（いちょう）	山頂（さんちょう）	県庁（けんちょう）	著名（ちょめい）	忠誠（ちゅうせい）	宙（ちゅう）がえり	値段（ねだん）	温暖（おんだん）	階段（かいだん）	誕生日（たんじょうび）	探（さが）す	担当（たんとう）	帰宅（きたく）	退（しりぞ）く

□	□	□	□	□	□	□	□	□	□	□	□	□	□	□	□	□	□	□	□
腹	俵	秘	批	否	晩	班	俳	肺	背	拝	派	脳	納	認	乳	難	届	糖	党
空腹（くうふく）	土俵（どひょう）	神秘（しんぴ）	批評（ひひょう）	安否（あんぴ）	大器晩成（たいきばんせい）	班長（はんちょう）	俳優（はいゆう）	肺活量（はいかつりょう）	背比（せいくら）べ	参拝（さんぱい）	派手（はで）	頭脳（ずのう）	納（おさ）める	認（みと）める	牛乳（ぎゅうにゅう）	難（むずか）しい	届（とど）ける	糖分（とうぶん）	政党（せいとう）

□	□	□	□	□	□	□	□	□	□	□	□	□	□	□	□	□	□	□	□
優	郵	訳	模	盟	密	幕	枚	棒	忘	亡	訪	宝	暮	補	片	閉	陛	並	奮
優勝（ゆうしょう）	郵便（ゆうびん）	通訳（つうやく）	模造紙（もぞうし）	加盟（かめい）	秘密（ひみつ）	幕府（ばくふ）	枚数（まいすう）	相棒（あいぼう）	忘（わす）れる	亡命（ぼうめい）	訪問（ほうもん）	宝物（たからもの／ほうもつ）	暮（く）れる	補（おぎな）う	片（かた）づける	開閉（かいへい）	陛下（へいか）	並木（なみき）	奮（ふる）う

□	□	□	□	□	□	□	□	□	□	□	□
論	朗	臨	律	裏	覧	卵	乱	翌	欲	幼	預
世論（よろん／せろん）	朗読（ろうどく）	臨時（りんじ）	規律（きりつ）	裏側（うらがわ）	一覧（いちらん）	生卵（なまたまご）	乱（みだ）れる	翌日（よくじつ）	食欲（しょくよく）	幼（おさな）い	預（あず）ける

初版
第１刷　2021年12月１日　発行

●編 者
数研出版編集部
●イラスト
山田奈穂
●カバー･表紙デザイン
株式会社ブックウォール

発行者　星野 泰也

ISBN978-4-410-15369-3

10日でしっかり総復習！　小学6年間の漢字・言葉

発行所　**数研出版株式会社**

本書の一部または全部を許可なく複写・複製することおよび本書の解説・解答書を無断で作成することを禁じます。

〒101-0052 東京都千代田区神田小川町２丁目３番地３
〔振替〕00140-4-118431
〒604-0861 京都市中京区烏丸通竹屋町上る大倉町205番地
〔電話〕代表（075）231-0161
ホームページ　https://www.chart.co.jp
印刷　創栄図書印刷株式会社
乱丁本・落丁本はお取り替えいたします　211101